CRECIMIENTO EMOCIONAL

Dinámicas, juegos y actividades

CRECIMIENTO EMOCIONAL

Dinámicas, juegos y actividades

BORJA QUICIOS ABERGEL

LIBSA

Este libro está dedicado a mi familia.
Aquellos que son mi mayor apoyo y compañía en este largo camino que comienza
con el crecimiento emocional, continúa con la búsqueda de autoestima y finaliza con
el perfeccionamiento de habilidades sociales.
Esta primera etapa del viaje va dedicada en especial a Goran, recién llegado.
A todos, GRACIAS.

© 2024, Editorial LIBSA
C/ Puerto de Navacerrada, 88
28935 Móstoles (Madrid)
Tel.: (34) 91 657 25 80
e-mail: libsa@libsa.es
www.libsa.es

Ilustración: Archivo LIBSA, Shutterstock images
Textos: Borja Quicios Abergel
Maquetación: Javier García Pastor

ISBN: 978-84-662-4037-6

DL: M 33286-2023

Contenido

ABRAZA TUS EMOCIONES

En los recovecos del alma, en la vastedad del ser, residen un conjunto de emociones que ansían florecer. La alegría es un destello que ilumina el horizonte, una danza en el alma que libera el gozo. Abraza su fulgor, déjala fluir sin reservas y disfruta su canto alegre.

La tristeza es un río que fluye con melancolía, un puente que conecta con la profundidad de la vida. Acógela con ternura y déjala expresar su dolor, en sus lágrimas encontrarás sanación y amor.

A veces, el miedo es un susurro que acalla el latir del corazón, una sombra que acecha en la incertidumbre de la razón. Enfrenta su presencia con valentía y compasión, y descubrirás en él un impulso hacia la transformación.

No temas a la ira, es un rugido que despierta la pasión ardiente, una llamada a la acción con fuerza e ímpetu valiente. Acepta su fuego y canalízalo con sabiduría. Puede purificar, abrázala con ternura y déjala transformar. La calma también es bienvenida, como una brisa suave, acéptala en tu ser, y encontrarás paz en cada enclave.

En la convivencia, con cada emoción en su esencia, yace el camino hacia el crecimiento y la trascendencia. Aprende a escuchar sus mensajes sin juicio ni resistencia, y encontrarás en ellas una guía hacia la coherencia.

No hay emociones buenas ni malas, solo la verdad del sentir, permíteles fluir en el cauce de tu ser con armonía, aprende de su enseñanza en cada nueva melodía. El crecimiento personal se nutre de su sabiduría, abrázalas con amor y despliega tu alma en poesía.

Entonces, abraza la aceptación con valentía y amor, y verás cómo se despliega un mundo lleno de color. Porque en la aceptación radica la verdadera libertad, en reconocer cada emoción como parte de nuestra humanidad. Y así, al aceptarlas todas, nos volvemos más enteros, enriqueciendo el camino con nuestros anhelos sinceros.

INTRODUCCIÓN

Nuestro destino de viaje nunca es un lugar, sino una nueva forma de ver las cosas.
HENRY MILLER

A lo largo de los siglos, los seres humanos hemos sentido la necesidad de explorar nuevos horizontes, descubrir culturas y lugares distantes y satisfacer nuestra curiosidad por lo desconocido.

El deseo de viajar está arraigado en nuestra naturaleza aventurera y nuestra búsqueda de experiencias significativas. Viajar nos permite escapar de la rutina diaria, sumergirnos en nuevos entornos y sumar vivencias enriquecedoras a nuestro bagaje personal. Nos brinda la oportunidad de ampliar nuestros horizontes, conocer diferentes formas de vida, conectarnos con personas de distintas culturas y apreciar la diversidad del mundo que nos rodea.

Este afán que tenemos por viajar se ha manifestado a lo largo de la historia a través de diversos ejemplos icónicos. Un caso destacado es el viaje de Cristóbal Colón en 1492, cuando se aventuró hacia lo desconocido y descubrió el continente americano. Su audacia y determinación para explorar nuevas rutas marítimas abrió un nuevo capítulo en la historia de la humanidad.

Otro ejemplo emblemático es el viaje de Marco Polo, quien en el siglo XIII emprendió un extenso recorrido por Asia, llegando a lugares remotos como China. Los relatos de sus viajes despertaron la curiosidad de muchos y contribuyeron a ampliar el conocimiento sobre otras culturas y territorios. Ya en el siglo xx, la misión del Apolo 11 en 1969 permitió que el ser humano pusiera por primera vez un pie en la superficie lunar, superando los límites terrestres y cumpliendo un sueño que parecía inalcanzable.

No importa cuál sea el destino, el viaje nos ofrece una oportunidad inigualable de expandir nuestros horizontes y enriquecer nuestras vidas. Despierta nuestra imaginación y nos invita a explorar nuestros propios límites. Nos enfrentamos a desafíos desconocidos, nos adaptamos a entornos cambiantes y descubrimos nuevas habilidades y fortalezas en nosotros mismos. Cada viaje nos transforma, nos enseña lecciones valiosas y nos permite descubrir aspectos desconocidos de nuestra propia identidad.

Para la aventura en la que te vas a embarcar no vas a necesitar un barco o una nave espacial. Será a través de la lectura. Al recorrer las páginas de este libro, explorarás los laberintos de tu propio mundo interior y descubrirás la riqueza de tus sentimientos y pensamientos. Será un camino emocionante, lleno de hallazgos y desafíos, sumergiéndote en tus alegrías, tus tristezas, tus miedos y esperanzas. Te aventurarás en los paisajes cambiantes de tu sentir, navegando por las olas de la emoción y pilotando por los vientos del autodescubrimiento.

Al igual que en una travesía convencional, hay elementos que te acompañarán en tu recorrido, guiándote y permitiéndote explorar los retos y descubrimientos que encontrarás por el camino. Prepara una maleta para un viaje donde el **pasaporte** será tu disposición y voluntad para adentrarte en tu mundo emocional. Este documento te autoriza a conocerte a ti mismo, concediéndote el permiso necesario para embarcarte en esta travesía hacia el conocimiento de tus emociones.

Que no se te olvide el **neceser,** que contiene elementos esenciales de cuidado personal. Así como llevamos productos necesarios para mantenernos limpios y saludables durante un viaje, también necesitamos herramientas y prácticas para cuidar nuestras emociones. En nuestro neceser emocional podemos incluir actividades como la meditación, la escritura, la música o el tiempo de tranquilidad. Estas prácticas te permitirán regular tus emociones y aliviar el estrés.

En todo viaje que se precie se necesita una **cámara de fotos,** que en este caso representa la capacidad de autoobservación y reflexión. Al igual que se toman fotos para preservar momentos especiales durante un viaje, podrás usar tu capacidad de observación para registrar y reconocer tus emociones. La cámara te invita a ser consciente de tus propias reacciones emocionales, permitiéndote examinarlas más detenidamente.

Y lo más importante, la **ropa.** Del mismo modo que seleccionas cuidadosamente tu vestimenta según el clima y las circunstancias del viaje, también desarrollas defensas para protegerte emocionalmente. Sin embargo, al igual que modificas tu ropa cuando cambian las condiciones meteorológicas, también debes estar dispuesto a adaptar tu defensas emocionales. La ropa emocionalmente adaptada te ayudará a regular las emociones de manera saludable y a afrontar los desafíos emocionales que encontrarás por el camino.

Un **mapa** será también de gran ayuda. Este se compone de tus experiencias pasadas y tus creencias arraigadas. Te guía e indica los caminos que puedes tomar para explorar y comprender tus emociones, y te conduce a encontrar el equilibrio emocional a lo largo del viaje.

Por último, te recomiendo llevar un **diario de viaje.** Del mismo modo que este sirve para mantener vivos los recuerdos y las vivencias del viaje físico, el diario emocional te permitirá documentar tus experiencias emocionales, reflexionar sobre ellas, aprender lecciones valiosas y explorar tu autenticidad emocional.

El camino hacia el **crecimiento emocional** es un desafío para abandonar viejos patrones y una invitación a abrazar tu máximo potencial. En realidad es un viaje sin fin, donde siempre surgirán nuevos retos y emociones por analizar, y donde continuamente habrá oportunidades para expandir tu conciencia y nutrir tu desarrollo emocional.

¿Preparado para el viaje?

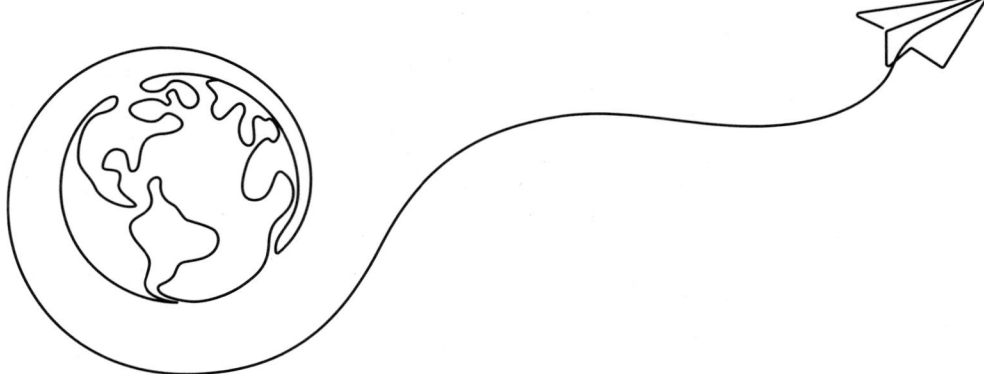

LA FELICIDAD Y
LA INTELIGENCIA EMOCIONAL

> *La felicidad es la tranquilidad interior*
> *y se consigue con mucho esfuerzo*
> *y trabajo personal.*
> JORGE BUCAY

Cuentan que un día se reunieron todos los dioses del Olimpo y decidieron crear al hombre y a la mujer a su imagen y semejanza. Uno de ellos planteó que si los creaban idénticos a ellos, entonces resultarían ser dioses y no hombres.

Para que esto no sucediera, decidieron quitarles algo. Después de mucho pensar, uno de ellos dijo: «Ya sé, vamos a quitarles la felicidad. El único problema va a ser dónde esconderla para que no la encuentren jamás».

Uno propuso: «Vamos a esconderla en la cima de la montaña más alta del mundo». A lo que otro repuso: «¡No! Recuerda que les dotamos de fuerza, así que uno puede conseguir subir y encontrarla, y si uno la halla, todos los demás sabrán dónde buscarla».

«Entonces -propuso otro- podemos esconderla en lo más profundo del mar». Y otro contestó: «¡No! recuerda que les dimos inteligencia. Alguna vez inventarán algo que les permita llegar allí».

Otro dios pensó haber encontrado la solución al problema: «Vamos a esconderla en otro planeta». Pero le contestaron: «¡Imposible! recuerda que les dimos audacia y algún día construirán una nave para llegar a ese planeta y encontrarán la felicidad».

El último de ellos era un dios que había permanecido en silencio, escuchando atentamente cada una de las propuestas de los demás dioses. Después de este debate, rompió su silencio y dijo: «Creo saber dónde esconderla para que realmente nunca la encuentren». «¿Dónde?», preguntaron los demás.

«La esconderemos **dentro de ellos mismos.** Estarán tan ocupados buscándola fuera que nunca la encontrarán».

Esta pequeña fábula o cuento ejemplifica muy bien nuestra relación con la felicidad: pasar toda la vida buscándola sin saber nunca dónde encontrarla. Y todo por no ser capaces de mirar en nuestro interior sin prejuicios ni miedo. Es verdad que hace falta tiempo y disposición para rebuscar en uno mismo, pero no es, desde luego, una misión imposible.

Partamos de que una de nuestras máximas aspiraciones es la de encontrar la felicidad. Y que a menudo la buscamos en cosas externas, como pueden ser logros, posesiones, el trabajo, el dinero o los viajes, entre otros. Y más en la época que nos toca vivir, caracterizada por su materialismo.

EJERCICIO: IDENTIFICA COSAS QUE CREES QUE TE HACEN «FELIZ»
Usa un papel y un bolígrafo y apunta cosas externas que creas que te hacen feliz. Por ejemplo:

- La televisión.
- Las redes sociales.
- Escuchar música.
- Los videojuegos.
- Navegar por Internet.
- Hacer deporte.
- ...

¿Cuál de estas cosas te crea más adicción?, ¿qué actividad ansiarías si tuvieras que renunciar a ella? Escríbelo en el papel.

Por ejemplo: «Los videojuegos son lo que más adicción me crea». «La actividad que ansiaría, sin duda, es la de hacer deporte». «Cuando hago esa actividad me siento bien». «No imagino cómo sería mi vida si no pudiera realizar esta actividad durante varios días».

Sin embargo, la verdadera felicidad radica en nuestro interior. Es como tener un tesoro escondido dentro de nosotros mismos que está esperando a que lo descubramos para disfrutar de él.

Buscar la felicidad es sentirse satisfecho con todo lo que haces y con el lugar donde te encuentras en cada momento de tu vida. Es lograr el **equilibrio** entre lo que eres, lo que tienes que ser y lo que aspiras a ser, para poder obtener como resultado el bienestar y la satisfacción personal.

Para encontrar esa «paz interior» es necesario que tengas un estilo de vida en el que te sientas en armonía contigo mismo y con tus decisiones. A veces, confundimos la felicidad con la euforia constante y, en realidad, el verdadero bienestar nace de ese equilibrio y la serenidad de esa paz interior.

Pero, ¿en qué consiste ser feliz para ti? Para el psicólogo Cipriano Toledo, para llegar a ser feliz lo esencial es analizar lo que te puede hacer infeliz. Por este motivo, elaboró el llamado sexteto de la infelicidad. A continuación, puedes realizar esta breve autoevaluación y comprobar si actualmente eres feliz o infeliz.

AUTOEVALUACIÓN: ¿ERES FELIZ O INFELIZ?

Este sencillo test de seis puntos solo te llevará unos minutos, pero te puede ayudar a cambiar el curso de tu vida.

Si ocurren de manera habitual más de dos cosas de este sexteto que te presento a continuación, tu infelicidad está asegurada. Comencemos:

1. No ayudo a los demás.
2. Gano dinero para ser feliz.
3. Estoy en familia solo en bodas y funerales.
4. Cuido mi salud con pastillas.
5. No tengo amigos.
6. Vivo bajo el bendito estrés.

LA SOCIEDAD Y LA FELICIDAD

Si has dicho que sí a más de dos cosas, no te preocupes. La sociedad en la que vivimos nos presenta ciertos desafíos que pueden dificultar la búsqueda de dicha felicidad. Algunos factores como el perfeccionismo, el estrés o el miedo a la soledad, por poner algunos ejemplos, pueden influir en tu bienestar emocional. Permíteme ahondar en cada uno de ellos:

- **Perfeccionismo.** Vivimos en una sociedad que tiende a valorar la perfección y el éxito en diferentes áreas de la vida, como el trabajo, las relaciones personales o la apariencia física. Este enfoque perfeccionista puede generar una presión constante por alcanzar estándares imposibles de cumplir, lo cual puede llevar a la insatisfacción personal y a sentimientos de frustración.

- **Estrés.** El ritmo acelerado de vida y las altas demandas en el trabajo, los estudios y la vida cotidiana pueden generar altos niveles de estrés. La presión constante por cumplir con múltiples responsabilidades puede dificultar el disfrute del presente y afectar negativamente a tu salud física y mental.

- **Miedo a la soledad.** En una sociedad cada vez más conectada digitalmente, muchas personas experimentan un temor a la soledad. La dependencia excesiva de las interacciones virtuales puede llevar a la dificultad para establecer relaciones profundas y significativas en el mundo real. Además, la presión social por estar constantemente rodeado de personas puede generar ansiedad y dificultar el tiempo de calidad con uno mismo.

En cualquier caso, la felicidad es un «viaje» personal y único para cada uno de nosotros. No hay una fórmula mágica o un camino definido para ser feliz, ya que lo que funciona para una persona puede no funcionar para otra. Es importante explorar y descubrir qué te hace feliz y cómo manejar tus emociones de manera saludable, teniendo en cuenta tus valores, necesidades y circunstancias individuales.

REFLEXIONA: ¿CÓMO AFECTA LA SOCIEDAD A TU BÚSQUEDA DE FELICIDAD?

▶ **1. Valores personales**

Piensa en cuáles son tus valores personales y qué es lo más importante para ti en la vida. Pregúntate si sientes que estos valores están alineados con los valores predominantes en la sociedad en la que vives.

Ejemplo. Si valoras mucho la naturaleza y la sostenibilidad, pero vives en una sociedad que promueve el consumismo y la explotación de los recursos naturales, puedes reflexionar sobre cómo esta discrepancia afecta a tu búsqueda de la felicidad.

▶ **2. Creencias y expectativas**

Considera qué creencias y expectativas tienes sobre cómo deberías vivir tu vida y qué es lo que te hace feliz. ¿Estas creencias y expectativas son realmente tuyas o son influencias externas de la sociedad, la cultura o las personas que te rodean?

Ejemplo. Si has crecido en un entorno donde se enfatiza en la importancia de tener una carrera profesional exitosa y ganar mucho dinero, pero realmente sientes que la felicidad proviene de un equilibrio entre el trabajo y la vida personal, podrías desafiar esas creencias y reevaluar tus metas profesionales. Podrías decidir buscar un trabajo que te permita tener más tiempo libre y dedicarlo a tus pasiones, familia y amigos, aunque implique un salario más bajo.

▶ 3. Observación

Observa y analiza las presiones sociales que sientes en tu día a día. Pueden ser expectativas relacionadas con el éxito profesional, la apariencia física, el estatus social, la vida en las redes sociales, entre otras. Reflexiona sobre cómo estas presiones influyen en tus decisiones y en tu bienestar emocional.

Ejemplo. Si constantemente te sientes presionado por las redes sociales para mostrar una vida «perfecta» y sin problemas, podrías reconocer el impacto negativo que esto tiene en tu bienestar emocional. Podrías tomar medidas como limitar tu tiempo en las redes sociales, dejar de compararte con los demás y enfocarte en tus propios logros y experiencias de vida.

▶ 4. Presión social

Examina cómo estas presiones sociales afectan a tu felicidad y bienestar. ¿Sientes que estás constantemente tratando de cumplir con las expectativas de los demás en lugar de seguir tu propio camino hacia la felicidad? ¿Experimentas estrés, ansiedad o insatisfacción debido a estas presiones?

Ejemplo. Si sientes una constante sensación de insatisfacción y estrés debido a la presión de alcanzar ciertos estándares de éxito socialmente impuestos, podrías reflexionar sobre cómo estos estándares no están alineados con tus propias metas y valores. Podrías buscar actividades y pasiones que te brinden alegría y satisfacción personal, incluso si no cumplen con las expectativas sociales convencionales.

▶ 5. Objetivos a cumplir

A partir de esta reflexión, define tus propias metas y prioridades basadas en tus valores y deseos genuinos, en lugar de dejarte llevar por las expectativas de la sociedad. Considera qué acciones puedes tomar para alinearte más con tus metas y cómo puedes resistir las presiones sociales que no te benefician.

Ejemplo. Después de reflexionar, si valoras más el tiempo de calidad con tus seres queridos que perseguir un ascenso en tu carrera, podrías establecer metas que reflejen esa prioridad. Por ejemplo, podrías decidir dedicar más tiempo a las relaciones significativas, planificar actividades familiares regulares o establecer límites claros entre tu vida laboral y personal.

▶**6. Comunidad**

Encuentra personas afines que compartan tus valores personales y te brinden apoyo en tu búsqueda de la felicidad. Pueden ser amigos, familiares, grupos comunitarios o incluso comunidades en línea. Compartir experiencias y perspectivas con personas que valoran y comprenden tus elecciones puede ser muy enriquecedor.

Ejemplo. Si te sientes abrumado por las expectativas sociales y deseas encontrar un grupo de personas que compartan tus valores personales y te brinden apoyo, podrías buscar comunidades o grupos locales que tengan intereses que coincidan con los tuyos. Podrías unirte a un club de lectura, un grupo de voluntariado o participar en actividades relacionadas con la sostenibilidad para conocer a personas con ideas afines a las tuyas y empezar a construir relaciones significativas.

EL SENTIDO DE LA VIDA

En este punto no podemos olvidarnos, ni dejar de lado, un concepto importantísimo; sin él es imposible dar significado a la búsqueda de felicidad. ¿Qué sentido le das a tu existencia?

La búsqueda de la felicidad y el sentido de la vida son conceptos que a menudo están interconectados. Para muchas personas, encontrar un propósito en la vida es clave para experimentar la verdadera felicidad y satisfacción.

El sentido de la vida puede variar de una persona a otra, ya que depende de sus creencias, valores, experiencias y metas individuales. Algunos de nosotros encontramos significado en las relaciones personales cercanas, como la familia y los amigos, mientras que otros pueden buscar un propósito más trascendental, como contribuir al bienestar de la sociedad o perseguir una vocación significativa.

Encontrar sentido en tu vida, puede ofrecerte un marco de referencia para tomar decisiones y establecer metas que estén alineadas con tus valores y deseos más profundos. A su vez, esto hará que te sientas en armonía con lo que consideras importante y valioso.

EJERCICIO: IKIGAI

¿Has oído hablar del concepto japonés de «Ikigai»? Es una palabra que se traduce como «razón de ser» o «razón para vivir». Para la cultura japonesa, encontrar tu Ikigai es de gran importancia. Existen reglas y pasos que se pueden seguir para descubrirlo. Al encontrar tu propia razón de vivir, te vuelves más consciente y más fuerte, lo que te permite alcanzar la felicidad.

Este tipo de ejercicios se pueden practicar todos los días y pueden guiarte por el camino correcto para encontrar tu Ikigai. Empecemos:

▶ 1. Sé agradecido

Cultivar la gratitud implica desviar nuestra atención de lo que nos falta y concentrarnos en lo que ya tenemos en el presente, sintiendo verdadero agradecimiento. No se trata simplemente de un pensamiento fugaz, sino de una reflexión profunda que debemos hacer cada mañana. Toma un papel y anota al menos tres cosas por las cuales estés agradecido, ya que esto te ayudará a fortalecer la mente.

Imagina que... te despiertas por la mañana y te tomas un momento para reflexionar sobre las cosas por las que te sientes agradecido en la vida. En ese momento, escribes en un papel tres cosas concretas: la sonrisa cálida de nuestros seres queridos, la salud que disfrutamos y la oportunidad de tener un nuevo día lleno de posibilidades.

▶ 2. Cuídate

Por muy deprisa que parezca ir todo, es fundamental que nos permitamos pausas y momentos de autocuidado. Es necesario reflexionar sobre lo que valoramos en nuestra vida, identificar aquellas cosas que nos brindan bienestar y actuar en consecuencia. Este enfoque resulta crucial para reducir los niveles de estrés. Si bien la actividad física y una alimentación saludable son muy importantes en este proceso, explorar nuestro interior va mucho más allá. Al cuestionar tu mente y tu corazón, descubrirás lo que realmente necesitas para alcanzar la felicidad.

Visualiza en tu mente que... llevas una vida agitada y llena de responsabilidades. Sin embargo, te das cuenta de que necesitas hacer una pausa y dedicar tiempo para ti mismo. Decides detenerte y reflexionar sobre lo que realmente valoras en la vida. Al hacerlo, te percatas de que la conexión con tus seres queridos, tu tiempo libre para realizar actividades de ocio y tu tranquilidad mental son aspectos fundamentales que te hacen sentir bien. Te pones en acción y priorizas estas áreas de tu vida diaria. A medida que dedicas tiempo a estas actividades significativas, reduces tu nivel de estrés y experimentas un mayor sentido de satisfacción y felicidad.

▶ 3. Valora las pequeñas cosas

Es esencial evitar dar nada por sentado en la vida. Cada detalle, incluso lo que pueda parecer insignificante, merece ser apreciado. De hecho, todo comienza por las cosas más pequeñas. Es en esos momentos donde se inicia la búsqueda de nuestro Ikigai, por lo tanto, es crucial ser consciente de ellos.

Piensa que... estás disfrutando de una tarde tranquila en casa. En lugar de dar por sentado ese momento, decides prestar atención a los pequeños detalles. Observas cómo los rayos del sol se filtran a través de las cortinas, iluminando suavemente la habitación. Escuchas el suave murmullo de la brisa acariciando las hojas de los árboles fuera de tu ventana. Te tomas un momento para saborear el aroma reconfortante de una taza de té caliente en tus manos. En ese instante, te das cuenta de que la belleza se encuentra en los detalles más simples y cotidianos de la vida. Apreciar esos pequeños momentos te conecta con tu Ikigai y te llena de gratitud por cada experiencia, por pequeña que sea.

▶ 4. Haz un hueco a tus sueños

Tomar conciencia de nuestros verdaderos deseos es un importante paso hacia la felicidad. Es fundamental dedicar tiempo a la reflexión y tratar de comprender cuáles son tus sueños y tus metas, sin temor a pensar en grande.

Imagina que... has estado trabajando en un empleo que no te satisface completamente. Decides ser consciente de tus verdaderos deseos y reflexionar sobre lo que realmente quieres en tu carrera profesional. Te permites soñar en grande y descubres que tu verdadera pasión es emprender tu propio negocio en el campo de la tecnología. A pesar de los posibles temores y dudas, te comprometes a perseguir ese sueño y estableces metas claras para lograrlo. Al ser consciente de tus deseos más profundos y atreverte a pensar en grande, das un paso significativo hacia la felicidad y la realización personal.

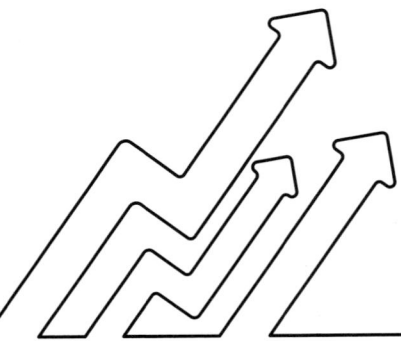

▶ 5. Mantente activo

Una vez que dediques tiempo a reflexionar sobre estos aspectos a diario, seguramente experimentarás una mejora en tu vida. Sin embargo, la reflexión por sí sola no es suficiente. Es necesario actuar en consecuencia. Debes mantenerte siempre activo, no solo en términos físicos para estar saludable, sino también y principalmente en tu mente. La curiosidad desempeña un papel fundamental en la búsqueda de tu Ikigai.

Puede que... por ejemplo, hayas estado interesado en la fotografía durante mucho tiempo, pero nunca te has decidido a explorar realmente esa pasión. Después de reflexionar y encontrar conciencia sobre tu deseo de ser fotógrafo, decides actuar. Te inscribes en un curso de fotografía, compras una cámara y comienzas a practicar regularmente. Te sumerges en el mundo de la fotografía, investigas técnicas, exploras diferentes estilos y te mantienes curioso y abierto a aprender más. A medida que te vuelves más activo en tu búsqueda de desarrollar tu Ikigai en la fotografía, experimentas un sentido renovado de propósito y satisfacción en tu vida. La acción impulsada por la curiosidad te lleva a un camino de crecimiento personal y realización.

LA INTELIGENCIA EMOCIONAL

Por otra parte, la **inteligencia emocional** y el **crecimiento personal** juegan un papel importantísimo en esa búsqueda de la felicidad.

La inteligencia emocional es un concepto que se refiere a la capacidad de reconocer, comprender y gestionar nuestras propias emociones, así como las emociones de los demás. Fue popularizado por el psicólogo **Daniel Goleman** en la década de 1990 y desde entonces ha sido ampliamente estudiado y reconocido como una habilidad clave para el bienestar personal y las relaciones interpersonales.

La inteligencia emocional y el crecimiento personal son dos ideas relacionadas que se entrelazan en un viaje de autodescubrimiento y desarrollo personal. El crecimiento personal se refiere a la búsqueda consciente de alcanzar nuestro máximo potencial y convertirnos en la mejor versión de nosotros mismos.

Ambos conceptos trabajan juntos para impulsar nuestro bienestar y éxito en diferentes áreas de la vida. A medida que nos embarcamos en nuestro crecimiento personal, nos encontramos con desafíos internos y externos que requieren una comprensión profunda de nuestras emociones y la capacidad de manejarlas de manera efectiva.

De este modo, a medida que cultivamos nuestra inteligencia emocional, desarrollamos una mayor autoconciencia, regulación emocional y ciertas habilidades, lo cual nos da la fuerza necesaria en nuestro camino de crecimiento personal. Nos permite abrazar nuestras emociones como aliadas en lugar de obstáculos, y nos brinda la capacidad de navegar por los desafíos con mayor confianza, resiliencia y equilibrio emocional.

Todas las emociones tienen su lugar en la vida. Como seres humanos que somos, estamos acostumbramos a clasificarlo todo, y no iba a ser menos con las emociones; en su caso lo hacemos en dos categorías: buenas o malas. Se trata, sin embargo, de una acción que deberíamos dejar de lado, ya que cada emoción tiene su finalidad y todas nos son útiles.

Las emociones nos guían a través de nuestros pensamientos, nuestra manera de comportarnos y nuestras relaciones con los demás. Así, la finalidad de este libro no será la de eliminar las emociones «malas» en provecho de las «buenas», sino la de ayudarte a cambiar la relación que tienes con tus emociones para convivir mejor con ellas y construir una vida más rica y llena de sentido.

CUESTIONARIO: EVALÚA TU INTELIGENCIA EMOCIONAL
Ahora te invito a evaluar tu inteligencia emocional. Para ello deberás realizar este sencillo cuestionario y así sabrás en qué medida cuentas con inteligencia emocional.

Cada afirmación tiene una escala de puntuación del 1 al 5, donde 1 indica «totalmente en desacuerdo» y 5 indica «totalmente de acuerdo». Al final, debes sumar tus puntuaciones para obtener un puntaje total.

Recuerda que este cuestionario es solo una aproximación que te permite obtener una primera valoración, pero que no reemplaza en modo alguno una evaluación profesional.

1. Totalmente en desacuerdo.
2. No estoy muy de acuerdo.
3. Neutral.
4. Estoy de acuerdo.
5. Estoy totalmente de acuerdo.

Soy consciente de mis propias emociones y puedo identificarlas fácilmente.	1	2	3	4	5
Puedo manejar eficazmente el estrés y las situaciones emocionalmente desafiantes.	1	2	3	4	5
Me siento cómodo expresando mis emociones de manera adecuada.	1	2	3	4	5
Soy capaz de regular mis emociones y no dejar que se apoderen de mí.	1	2	3	4	5
Entiendo las emociones de los demás y puedo ponerme en su lugar.	1	2	3	4	5
Tengo una buena empatía y puedo mostrar comprensión hacia los demás.	1	2	3	4	5
Sé cómo manejar las relaciones interpersonales y resolver conflictos de manera constructiva.	1	2	3	4	5
Soy consciente de cómo mis emociones afectan mis pensamientos y comportamientos.	1	2	3	4	5
Tengo habilidades efectivas de comunicación emocional.	1	2	3	4	5
Puedo adaptarme y ajustar mi comportamiento. emocional según la situación.	1	2	3	4	5

Puntuación:

- **Baja inteligencia emocional:** de 10 a 19 puntos.
- **Promedia inteligencia emocional:** de 20 a 39 puntos.
- **Buena inteligencia emocional:** de 30 a 39 puntos.
- **Excelente inteligencia emocional:** de 40 a 50 puntos.

¿Cuál ha sido tu puntuación? Si ha sido baja no te angusties. La inteligencia emocional no es algo innato, sino una habilidad que se puede desarrollar y mejorar a lo largo del tiempo. Aunque algunas personas pueden tener una predisposición natural hacia ciertos aspectos de la inteligencia emocional, todos tenemos la capacidad de trabajar en nuestras habilidades emocionales y poder cultivarla.

LAS HABILIDADES EMOCIONALES

También conocidas como competencias emocionales, se refieren a la capacidad de reconocer, comprender y gestionar las propias emociones y las de los demás.

Algunos ejemplos de habilidades emocionales y cualidades positivas son:

- **Autoconciencia.** Ser consciente de tus emociones, pensamientos y comportamientos. Esto te permite comprender mejor tus fortalezas y áreas de mejora, y te ayuda a tomar mejores decisiones en respuesta a diferentes situaciones.

  Cualidades positivas relacionadas: autenticidad, honestidad y capacidad para la introspección.

- **Autorregulación.** Es la capacidad para gestionar y regular tus emociones y reacciones. Esto implica controlar el estrés, manejar la frustración, regular tus impulsos y adaptarte a los cambios de manera saludable.

  Cualidades positivas relacionadas: resiliencia, paciencia y capacidad para mantener la calma en situaciones desafiantes.

- **Habilidades de comunicación.** Es la habilidad para expresar tus emociones y pensamientos de manera clara y efectiva, así como escuchar y comprender a los demás. Una comunicación abierta y asertiva promueve la comprensión mutua y ayuda a resolver conflictos de manera constructiva.

  Cualidades positivas relacionadas: empatía en la comunicación y capacidad para resolver conflictos de manera pacífica.

- **Inteligencia emocional social.** Destreza para comprender las dinámicas emocionales en grupos y situaciones sociales. Esto implica reconocer las dinámicas de poder, adaptarse a diferentes contextos sociales y establecer relaciones positivas.

  Cualidades positivas relacionadas: habilidades de liderazgo, colaboración y capacidad para construir y mantener relaciones saludables.

Ahora es momento de tomar conciencia de tus emociones. El primer paso hacia el desarrollo de habilidades emocionales es comprender y reconocer las tuyas.

EJERCICIO: CONOCE TUS HABILIDADES EMOCIONALES

Este ejercicio te ayudará a tomar conciencia de tus respuestas emocionales y desarrollar estrategias efectivas para manejar tus emociones en diferentes situaciones. ¡Disfruta de este viaje de autodescubrimiento emocional!

Lo primero que debes hacer es encontrar un lugar tranquilo donde puedas estar a solas y sin distracciones. Tómate el tiempo que necesites para relajarte y centrarte en tu respiración.

Piensa en una situación reciente en la que hayas experimentado una emoción intensa, ya sea positiva o negativa. Puede ser una situación de trabajo, una interacción personal o cualquier otra experiencia relevante para ti.

Reflexiona sobre la situación y responde las siguientes preguntas:

▶ **1. ¿Qué emoción experimentaste en esa situación?**
Identifica la emoción principal que surgió en ti.

   Ejemplo. En una situación en la que recibiste críticas constructivas en el trabajo, es posible que hayas experimentado la emoción de frustración.

▶ **2. ¿Cómo te diste cuenta de que estabas sintiendo esa emoción?**
Observa las señales físicas, los pensamientos y las reacciones que tuviste.

   Ejemplo. Te diste cuenta de que estabas sintiendo esa emoción porque notaste tensión en tu cuerpo, tus pensamientos se volvieron negativos y autocríticos, y tuviste la reacción de querer defender tus acciones.

▶ **3. ¿Cómo fue tu primera reacción ante esa emoción?**
Describe tus primeras respuestas o acciones.

   Ejemplo. Tu reacción inicial fue ponerte a la defensiva y tratar de justificar tus acciones ante la crítica recibida. Podrías haber sentido cierta incomodidad y tensión en la interacción.

▶**4. ¿Cómo influyó esa emoción en tus pensamientos y comportamiento en esa situación?**

Observa cómo afectó a tu manera de pensar y cómo te comportaste como resultado de esa emoción.

Ejemplo. La frustración que sentiste en ese momento pudo haber influenciado tus pensamientos, llevándote a creer que las críticas no eran justas o que estabas siendo atacado injustamente. Esto podría haber afectado a tu comportamiento al responder con justificaciones defensivas o incluso con confrontación.

▶**5. ¿Estás satisfecho con la forma en que manejaste esa emoción?**

Evalúa si consideras que tu respuesta emocional fue adecuada y si te gustaría haber actuado de manera diferente.

Ejemplo. Al reflexionar sobre la forma en que manejaste esa emoción, podrías darte cuenta de que tu respuesta inicial no fue la más adecuada. Quizás te das cuenta de que reaccionaste de manera impulsiva y te gustaría haber abordado la situación con más calma y apertura a la retroalimentación.

▶**6. ¿Qué podrías haber hecho de manera diferente para manejar esa emoción de manera más efectiva?**

Piensa en alternativas o estrategias que podrías haber utilizado para gestionar tus emociones de manera más saludable y constructiva.

Ejemplo. Para manejar esa emoción de manera más efectiva, podrías haber aplicado estrategias como tomarte un momento para respirar profundamente y calmarte antes de responder, escuchar atentamente las críticas sin ponerte a la defensiva, y luego reflexionar sobre la retroalimentación recibida para buscar oportunidades de crecimiento y mejora. Además, podrías haber buscado un diálogo constructivo para comprender mejor los puntos de vista de los demás y encontrar soluciones.

Una vez hayas contestado, haz una revisión de tus respuestas y observa los patrones o tendencias que surgen. Identifica fortalezas en tus habilidades emocionales y áreas en las que te gustaría trabajar y mejorar.

Establece metas específicas para desarrollar tus habilidades emocionales en las áreas que identificaste como oportunidades de crecimiento.

Recuerda que el autoconocimiento emocional es un proceso continuo. Cuanto más te explores y te familiarices con tus emociones, más capacitado estarás para reconocerlas y gestionarlas de manera saludable.

LAS CUALIDADES POSITIVAS

Como ya sabes, las habilidades emocionales, y en particular la inteligencia emocional, están estrechamente relacionadas con las cualidades positivas. Estas últimas son rasgos y características personales que reflejan aspectos positivos de nuestra personalidad.

Entonces, ¿cuáles son tus cualidades positivas?

EJERCICIO: EL JUEGO DEL NOMBRE

Este juego, pese a ser simple, es útil para que puedas darte cuenta de tus cualidades positivas, lo que favorece el autoconocimiento.

Para empezar, debes utilizar un folio en blanco. En él tienes que escribir tu nombre, tu apellido o el nombre o apodo con el que te identifiques. Después, con cada letra, apunta las cualidades que consideras que tienes. Por ejemplo, en mi caso, he usado el nombre de pila: Borja y he buscado cualidades que creo que se ajustan a mi personalidad, con este resultado:

B	O	R	J	A
U	P	E	U	L
E	T	S	S	E
N	I	P	T	G
O	M	O	O	R
	I	N		E
	S	S		
	T	A		
	A	B		
		L		
		E		

Para finalizar este ejercicio, pregúntate: ¿Qué te hacen sentir estas cualidades?

Cultivar estas cualidades positivas y aprender a manejar tus emociones de manera saludable es esencial para promover el bienestar emocional y construir relaciones positivas contigo mismo y con los demás.

A lo largo de este libro, descubrirás la importancia de las emociones en el crecimiento personal. Encontrarás herramientas y estrategias para comprender, regular y utilizar tus emociones de manera efectiva.

LA NATURALEZA DE LAS EMOCIONES

En el año 1649, el filósofo **René Descartes**, en su tratado de *Las pasiones del alma*, habla de las emociones fundamentales, siendo estas: la admiración, el amor, el odio, el deseo, la alegría y la tristeza.

Más adelante, como bien se sabe, los psicólogos distinguen una serie de emociones, que son las llamadas emociones primarias, y de las cuales se originan todas las demás.

De este modo, el psicólogo, **Paul Ekman** estableció una lista de seis emociones básicas que son fácilmente descifrables a través de expresiones faciales determinadas. Estas emociones son: la tristeza, la felicidad, el miedo, la ira, la sorpresa y el asco (mundialmente conocidas por la famosa película de Disney titulada *Inside Out,* en la que Ekman participó como colaborador).

Sin embargo, recientes estudios apuntan a un cambio de paradigma y llegan a la conclusión de que no son seis, sino únicamente cuatro emociones básicas: la **alegría,** la **tristeza,** la **rabia** y el **miedo;** se consideran solo estas cuatro porque son universales en todas las culturas y se cree que son innatas en los seres humanos. Es decir, han sido ampliamente reconocidas y con patrones de expresión similares en diferentes contextos culturales.

LAS EMOCIONES BÁSICAS

Vamos a realizar un breve recorrido por cada una de estas emociones para analizar sus aspectos fundamentales y aprender a identificarlas.

LA ALEGRÍA

Empecemos con **alegría;** esta palabra solemos utilizarla como sinónimo de agrado, animación, estar contento, diversión, felicidad, júbilo, entre otros. Se caracteriza por una sensación de felicidad, entusiasmo y bienestar. Es una emoción positiva que surge cuando experimentamos placer, satisfacción o logramos algo que valoramos. Por ejemplo, cuando ganamos un premio o recibimos buenas noticias, sentimos una oleada de alegría que se manifiesta en una sonrisa, risas o una sensación de euforia.

EJERCICIO: ¿QUÉ ES LA ALEGRÍA PARA TI?

Piensa en momentos en los que te sientes alegre. Reflexiona y completa esta tabla:

Momentos en los que estoy alegre.					
¿Por qué me siento alegre?					
¿Qué ocurre cuando me siento alegre?					
¿Cómo me siento?					
¿Qué pienso?					
¿Qué hago?					
¿Qué cosas suelo hacer?					
¿Cómo puedo alargar mis momentos alegres?					

LA TRISTEZA

Por otro lado, la **tristeza** es un estado de ánimo en el cual no tenemos ganas de hacer nada, suele producirse por un ambiente desfavorable, cuando experimentamos una situación dolorosa y que generalmente expresamos llorando. Por ejemplo, cuando perdemos a un ser querido, podemos sentir tristeza profunda, que se manifiesta en llanto, apatía y una sensación general de pesar.

EJERCICIO: ABORDA TU TRISTEZA

Esta actividad tiene como objetivo ayudar a trabajar y abordar tu tristeza de manera individual, proporcionando herramientas y estrategias para poder gestionarla.

Lee cuidadosamente cada sección y responde las preguntas o completa las actividades según sea necesario. Recuerda que puedes tomarte el tiempo que necesites y adaptar las respuestas a tus propias experiencias y circunstancias.

▶ **1. Identifica la tristeza**

- ¿Cuáles son los síntomas y señales físicas, emocionales y cognitivas que experimentas cuando te sientes triste?

- ¿Cuáles son las situaciones, eventos o pensamientos desencadenantes que suelen estar asociados con tu tristeza?

▶ **2. Explora las causas**

- Reflexiona sobre posibles causas o factores subyacentes que podrían estar contribuyendo a tu tristeza.

- ¿Existen eventos pasados o traumas no resueltos que puedan estar influyendo en tu estado emocional actual?

▶ **3. Autorreflexión y autoaceptación**

- Acepta tu tristeza como una emoción válida y compasiva contigo mismo.

- Piensa sobre las creencias o juicios negativos que puedes tener acerca de tu tristeza y trabaja en sustituirlos por pensamientos más compasivos y realistas.

▶ **4. Aplica estrategias para afrontar la tristeza**

- Enumera las estrategias de afrontamiento saludables que te han funcionado en el pasado para lidiar con la tristeza.

- Identifica nuevas estrategias o actividades que podrías probar, como practicar ejercicio físico, meditación, escribir en un diario o buscar apoyo social.

▶ 5. Planifica y pasa a la acción

- Diseña un plan de acción para implementar las estrategias de afrontamiento identificadas.

- Establece metas realistas y alcanzables que te permitan abordar tu tristeza de manera progresiva.

▶ 6. Busca recursos y apoyo

- Investiga y anota recursos adicionales que podrían ser útiles en tu proceso, como libros, grupos de apoyo o aplicaciones móviles enfocadas en el bienestar emocional.

EL MIEDO

En cuanto al miedo, es una emoción que surge en respuesta a una amenaza o peligro percibido. Es una reacción de supervivencia que nos prepara para enfrentar o huir de situaciones amenazantes. Por ejemplo, cuando vemos un animal salvaje acercándose a nosotros, experimentamos miedo, lo que nos impulsa a tomar medidas para protegernos, como correr o buscar refugio.

EJERCICIO: LA ESCALA DEL MIEDO

Esta escala tiene como objetivo ayudarte a medir y evaluar tus miedos personales. Lee cada afirmación y evalúa tu nivel de miedo en una escala del 1 al 10, donde 1 representa la calma y 10 representa un nivel muy alto.

De esta manera:

1	Calma total	No tengo miedo en absoluto.
2	Ligera incomodidad	Tengo un poco de miedo, pero puedo manejarlo fácilmente.
3	Inquietud moderada	Siento un nivel moderado de miedo, pero puedo controlarlo.
4	Preocupación creciente	El miedo se intensifica y empiezo a sentirme incómodo.

5	Ansiedad moderada	El miedo se vuelve más intenso y comienza a afectar a mi funcionamiento.
6	Miedo significativo	Siento un nivel alto de miedo y me cuesta controlarlo.
7	Ansiedad intensa	El miedo se vuelve abrumador y dificulta mi capacidad para funcionar normalmente.
8	Pánico moderado	Siento un miedo extremo y experimento síntomas físicos significativos.
9	Pánico intenso	Miedo abrumador y paralizante que me dificulta la toma de cualquier acción.
10	Ansiedad extrema	Miedo extremo que me paraliza por completo y me impide funcionar.

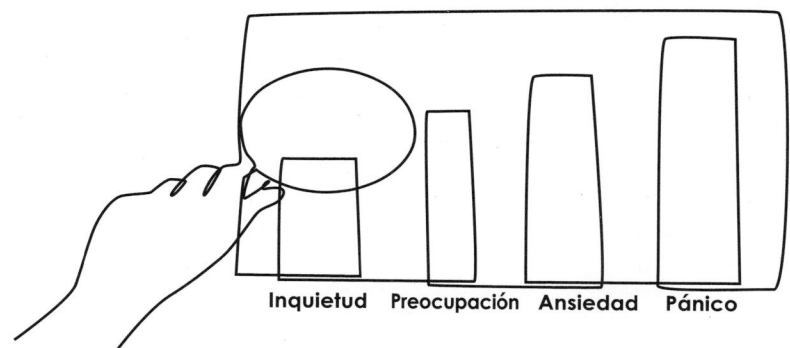

Inquietud   Preocupación   Ansiedad   Pánico

Responde honestamente según tu experiencia actual. Recuerda que esta escala es solo una herramienta de autoevaluación y no reemplaza el apoyo de un profesional si tus miedos te causan malestar significativo o afectan tu vida diaria.

Miedo a los espacios cerrados (claustrofobia): _____
Miedo a las alturas (acrofobia): _____
Miedo a volar (aerofobia): _____
Miedo a los insectos (entomofobia): _____
Miedo a hablar en público (glosofobia): _____
Miedo a los animales (zoofobia): _____
Miedo a la oscuridad (nictofobia): _____
Miedo a los lugares abiertos (agorafobia): _____
Miedo a los desastres naturales (naturafobia): _____
Miedo a la muerte (tanatofobia): _____
Miedo a los conflictos o confrontaciones :_____
Miedo a los cambios (neofobia): _____

Miedo a los fracasos (atiquifobia): _____
Miedo a la soledad (autofobia): _____
Miedo al rechazo (sociofobia): _____

¿Qué sensaciones físicas te producen estas situaciones según la puntuación que les has dado?

1	Ninguna en particular.
2	Un ligero cosquilleo en el estómago, tensión muscular mínima.
3	Leve aceleración del pulso, respiración más rápida.
4	Ligero sudor en las manos, tensión muscular notable.
5	Palpitaciones, respiración agitada, sudoración perceptible.
6	Temblores, nudo en el estómago, aumento de la sudoración.
7	Taquicardia, dificultad para respirar, sensación de opresión en el pecho.
8	Mareos, temblores intensos, sudoración profusa.
9	Palidez, desorientación, sensación de desmayo inminente.
10	Ataques de pánico, falta de aire, sensación de pérdida de control.

LA IRA

La **ira** implica una sobrecarga de energía que en ocasiones nos ayuda a cumplir una tarea que vemos obstaculizada por una amenaza. Por ello, no debe ser considerada siempre como negativa. Lo que ocurre es que a veces se convierte en un problema más, ya que nos induce a la destrucción.

EJERCICIO: EVALÚA TU IRA

Este cuestionario es un instrumento de autoevaluación, el cual no tiene una puntuación específica, ya que se trata de una herramienta subjetiva sobre la ira. Las respuestas que proporciones en él, te ayudarán a reflexionar sobre tu relación con la ira y a identificar patrones y áreas de mejora. No hay respuestas correctas o incorrectas, ya que se trata de tu experiencia personal.

Responde a cada pregunta de manera honesta, indicando el grado de acuerdo con cada afirmación según corresponda.

►**1. En general, ¿consideras que tienes un control adecuado sobre tu ira?**
a. Totalmente de acuerdo.
b. De acuerdo.
c. Neutro.
d. En desacuerdo.
e. Totalmente en desacuerdo.

►**2. ¿Con qué frecuencia experimentas episodios de ira intensa?**
a. Muy raramente.
b. Ocasionalmente.
c. Moderadamente frecuente.
d. Frecuentemente.
e. Constantemente.

►**3. ¿Cuál es tu reacción típica cuando sientes ira intensa?**
a. Me calmo rápidamente y puedo controlar mis reacciones.
b. Trato de controlarme, pero a veces me cuesta.
c. Expreso mi ira de forma saludable, comunicando mis sentimientos de manera asertiva.
d. Pierdo el control y puedo actuar de manera agresiva o destructiva.
e. Me consume la ira y me resulta difícil recuperarme emocionalmente.

►**4. ¿Qué desencadena con mayor frecuencia tu ira?**
a. Situaciones de injusticia o trato injusto.
b. Sentimientos de frustración o impotencia.
c. Conflictos interpersonales o discusiones acaloradas.
d. Estrés laboral o situaciones de presión.
e. Otros (especifica).

►**5. ¿Cómo te sientes después de experimentar un episodio de ira intensa?**
a. Aliviado y liberado de la tensión emocional.
b. Arrepentido por mis acciones o palabras.
c. Agotado y emocionalmente exhausto.
d. Siento culpa y vergüenza por perder el control.
e. Otros (especifica).

►**6. ¿Has buscado ayuda externa o recursos para manejar tu ira de manera más efectiva?**
a. Sí, he participado en terapia o programas de control de la ira.
b. Sí, he leído libros o recursos en línea sobre el manejo de la ira.
c. Sí, he practicado técnicas de relajación o meditación para controlar mi ira.
d. No, pero estoy interesado en buscar ayuda.
e. No, no considero necesario buscar ayuda en este momento.

►**7. ¿Qué estrategias utilizas actualmente para manejar tu ira?**
a. Respiración profunda y técnicas de relajación.
b. Distanciamiento físico o tomar un tiempo fuera.
c. Comunicación asertiva y expresión de sentimientos de manera saludable.
d. Práctica de ejercicio físico regular.
e. Otros (especifica).

Te sugiero revisar tus respuestas y observar los patrones o tendencias que puedas identificar. Por ejemplo, si has seleccionado principalmente respuestas en las opciones a y b, es posible que tengas un buen control sobre tu ira. Si has seleccionado principalmente respuestas en las opciones d y e, puede que experimentes dificultades para manejarla de manera saludable.

Utiliza tus respuestas como una guía para reflexionar sobre tu relación con la ira y considera si hay áreas específicas en las que te gustaría mejorar.

TUS PROPIAS EMOCIONES

Hasta ahora hemos indagado en las emociones que hemos supuesto que son fundamentales o básicas, pero existen muchísimas más y cada uno de nosotros tenemos nuestras propias emociones que nos impulsan y guían en nuestras vidas.

Cada persona tiene sus propias emociones dominantes, aquellas que son más prominentes y significativas en su vida diaria. Estas emociones pueden variar de una persona a otra, ya que cada uno de nosotros posee una combinación única de **vivencias, valores** y **personalidad.**

Por ejemplo, algunas personas están más orientadas hacia emociones como la alegría y el optimismo. Disfrutan de los momentos de felicidad y buscan activamente experiencias que les brinden placer y diversión. La risa y la positividad pueden ser motores importantes en su día a día.

Por otro lado, algunas personas pueden valorar más la calma y la tranquilidad. La serenidad y la paz interior pueden ser emociones que buscan cultivar y preservar sus vidas. Estas personas pueden encontrar una profunda satisfacción en la introspección, la meditación y la conexión con la naturaleza.

Además, hay quienes se sienten motivados por el amor. El afecto, la cercanía y la conexión emocional con los demás pueden ser fundamentales en su vida. Buscan relaciones significativas y experimentan una gran felicidad al dar y recibir amor.

Y un largo etcétera. Lo importante es saber reconocer que todas las emociones tienen su propia importancia y función en nuestras vidas. ¿Qué emociones te mueven a ti?

EJERCICIO: HAZ TU PROPIA LISTA DE EMOCIONES

Al igual que hoy en día hacemos nuestras propias listas de reproducción en las diferentes plataformas para escuchar nuestras canciones favoritas a un solo clic, te animo a que compongas tu propia lista de las emociones que experimentas habitualmente en tu día a día y por orden de «reproducciones». Por ejemplo:

Alegría
Diversión
Ira
...

Haz una lista con todas las emociones que quieras.

Ahora, te pido que puntúes del 1 al 5 las seis primeras emociones que has apuntado, según la importancia que crees que tienen en tu vida y le dan sentido

Primera emoción	1	2	3	4	5
Segunda emoción	1	2	3	4	5
Tercera emoción	1	2	3	4	5
Cuarta emoción	1	2	3	4	5
Quinta emoción	1	2	3	4	5
Sexta emoción	1	2	3	4	5

¿Te acuerdas de las listas de emociones de las que hablaban Descartes y Paul Ekman? ¿Coinciden algunas de tus emociones con las de su lista?

LAS VIVENCIAS

Nuestras vivencias y experiencias desempeñan un papel crucial en la forma en que experimentamos y procesamos nuestras emociones. A lo largo de nuestra vida, pasamos por una variedad de situaciones y eventos que nos impactan de diferentes maneras, y estas experiencias pueden tener un efecto profundo en nuestras emociones.

Las experiencias positivas, como recibir una buena noticia, lograr un objetivo importante o disfrutar de momentos de alegría y conexión con los demás, generan emociones positivas como la felicidad, el entusiasmo o la gratitud. Estas experiencias positivas pueden elevar nuestro estado de ánimo y hacernos sentir bien.

Por otro lado, las experiencias negativas, como enfrentar una pérdida, experimentar un fracaso o pasar por momentos difíciles, generan emociones negativas como la tristeza, la ira o el miedo. Estas experiencias negativas pueden desencadenar respuestas emocionales intensas y desafiantes.

Además, nuestras experiencias pasadas también pueden influir en la forma en que interpretamos y reaccionamos a las situaciones presentes. Por ejemplo, si hemos tenido experiencias traumáticas en el pasado, es posible que seamos más propensos a experimentar ansiedad o miedo en situaciones similares en el presente.

Reconocer la influencia de nuestras experiencias en nuestras emociones nos permite ser conscientes de cómo hemos llegado a sentir de cierta manera y cómo podemos trabajar en procesar y gestionar nuestras emociones de manera saludable. También nos brinda la oportunidad de aprender y crecer a partir de nuestras experiencias, desarrollando así una mayor resiliencia emocional.

EJERCICIO: MIS EXPERIENCIAS, MIS EMOCIONES

Reflexiona sobre experiencias significativas en tu vida y cómo influyeron en tus emociones, buscando patrones y entendiendo cómo estas vivencias han ido moldeando tu desarrollo personal.

▶1. Tiempo de reflexión

Dedica un tiempo para reflexionar sobre algunas de las experiencias significativas que has tenido en tu vida. Pueden ser positivas o negativas, eventos importantes o situaciones cotidianas que te hayan impactado emocionalmente.

▶2. Descripción

Elige una de esas experiencias y escríbela en detalle, describiendo lo que sucedió, cómo te sentiste en ese momento y qué emociones surgieron en ti. Intenta ser lo más específico y añade el mayor número posible de detalles.

▶3. Conexión

Ahora, profundiza en la conexión entre esa experiencia y tus emociones. Hazte las siguientes preguntas:

- ¿Cómo influyó esa experiencia en la forma en que te sientes contigo mismo?
- ¿Cómo impactó en tu visión del mundo y de los demás?
- ¿Qué creencias o valores personales se vieron afectados por esa experiencia concreta?
- ¿Qué emociones predominaron antes, durante y después de la experiencia? ¿Hubo alguna emoción subyacente que descubriste al reflexionar sobre esta vivencia?

►4. Tipología

Observa cualquier patrón o tendencia que puedas identificar entre tus vivencias y tus emociones.

- ¿Crees que hay ciertos tipos de experiencias que desencadenan emociones similares?
- ¿Existen temas o eventos recurrentes que te afectan emocionalmente de manera consistente?

►5. Reflexión

Reflexiona sobre cómo estas vivencias y emociones pueden haber influido en tu desarrollo personal y en la forma en que interactúas con los demás.

- ¿Has adquirido fortalezas emocionales a través de estas experiencias?

►6. Conclusión

Considera cómo puedes utilizar esta comprensión para tu crecimiento personal.

- ¿Hay alguna emoción o patrón emocional que te gustaría trabajar más a fondo?
- ¿Qué pasos puedes tomar para procesar y manejar tus emociones de manera más saludable?

LOS VALORES

¿Cuáles son tus valores? Seguro que te pillo a contrapié y en este momento no sabes qué responder porque, entre otras cosas, probablemente, no estás acostumbrado a pensar mucho en ello.

Es curioso porque todas nuestras creencias y formas de comportarnos se basan en nuestros valores. No en vano, los valores se definen como los principios fundamentales que guían nuestras acciones y actitudes, pero nos pasamos la mayor parte de nuestra vida sin ser muy conscientes de cuáles son.

Es fundamental que consigas ser consciente de cuáles son los valores que te mueven y que, así, sean acordes con tus conductas, para que consigas ser feliz; si no lo haces, puedes entrar en conflicto. Por ejemplo, imagina que valoras profundamente la honestidad y la transparencia en las relaciones personales. Crees en la importancia de la confianza y te esfuerzas por ser una persona sincera en tus interacciones con los demás. Consideras que la honestidad es un pilar fundamental para construir relaciones sólidas y auténticas.

Un día, un amigo te confía un secreto muy importante. Te pide encarecidamente que no le cuentes a nadie sobre esa información. Sin embargo, poco después, otro amigo te pregunta directamente si sabes algo sobre el secreto de tu primer amigo.

En ese momento, te encuentras en una situación incómoda. Por un lado, valoras la confianza y la honestidad, y sientes la obligación de mantener en secreto la información que te fue confiada. Pero por otro lado, no quieres mentirle a tu segundo amigo y sientes la presión de responder a su pregunta de manera directa y sincera.

Después de un breve momento de reflexión, decides contarle a tu segundo amigo parte del secreto bajo la premisa de que «no puedes revelar todos los detalles». En el fondo, sabes que tu respuesta no es completamente honesta y que estás ocultando información importante.

Después de tomar esa decisión, experimentas emociones encontradas. Por un lado, te sientes aliviado de no haber mentido por completo y de haber mantenido una parte de tu valor de honestidad. Sin embargo, también sientes un ligero sentimiento de culpa y conflicto interno porque sabes que no has sido completamente honesto en tu respuesta.

Este ejemplo ilustra cómo la falta de alineación entre tu conducta y tus valores pueden llegar a generar un conflicto emocional. Aunque has intentado preservar en cierta medida tu valor de honestidad, la falta de total transparencia puede generar sentimientos de culpa y una sensación de no haber actuado plenamente de acuerdo con tus principios.

Reconocer estos desafíos y buscar formas de abordarlos de manera más congruente con tus valores puede ayudarte a vivir de manera más auténtica y en armonía con lo que consideras importante. En situaciones como estas, es esencial encontrar un equilibrio entre la confidencialidad y la honestidad, y buscar alternativas que respeten la confianza depositada en ti sin comprometer tus valores fundamentales.

Claramente, no hay valores buenos o malos. Ni mejores ni peores que los de los demás. Cada uno tenemos los nuestros, y dependiendo de la situación o el momento, los priorizamos de una u otra manera. Entonces, ¿quieres saber cuáles son tus valores?

EJERCICIO: ¿CUÁLES SON TUS VALORES PERSONALES?
Te presento un ejercicio sencillo que podrás realizar en dos partes. Para empezar te animo a que tengas a mano un bolígrafo y un papel. Comenzamos:

▶ **Paso 1**
Piensa en un mínimo de 10 personas vivas o ya fallecidas, cercanas o desconocidas, o personajes de la realidad o de la ficción a los que admires.

Por ejemplo, tu padres, tu profesor, Teresa de Calcuta, Superman, etc. El único filtro es que los admires.

▶**Paso 2**

Escribe como mínimo cinco cualidades que para ti tengan cada uno de ellos.

Por ejemplo, tu padre (fortaleza, alegría, bondad, trabajador y espontá- neo), tu profesor (carisma, empatía, coherencia, humildad y alegría). Y así con los demás.

▶**Paso 3**

Una vez que lo tengas, empieza el recuento. Se trata de ir cualidad a cualidad y anotar las veces que aparece repetida (si es que se repite). Es decir, anota la frecuencia de cada cualidad.

Por ejemplo: alegría, 2 (dos veces), bondad, 1 (una vez), humildad, 1 (una vez), trabajador, 1 (una vez), etc.

▶**Paso 4**

Ahora ordena de mayor a menor las cualidades, según el número de veces que hayan salido repetidas. Una vez hecho, apúntalas en ese orden en una escala del 1 al 10. Es decir, en el número 1 debes poner la más repetida, y así hasta llegar al número 10.

Si, por ejemplo, solo te faltan por cubrir los últimos dos puestos de la esca- la y tienes aún cuatro cualidades repetidas dos veces cada una, escoge las dos que más te gusten o sean más importantes para ti.

Una vez hecho esto, ya tendrías tus 10 valores más importantes o esenciales. Seguro que tienes muchos más, pero esos 10 son los que, en este momento, tienen mayor peso para ti.

LA PERSONALIDAD

La personalidad es única en cada sujeto. Este concepto se refiere a un conjunto de **rasgos** y **cualidades** del individuo. Es una construcción compleja que se ve in- fluenciada por una combinación de factores genéticos y ambientales, incluyendo la repercusión de la crianza, las experiencias tempranas, la cultura y el entorno social.

Existen diferentes teorías de la personalidad que buscan explicar y comprender sus características y dimensiones. Una de las teorías más conocidas es la teoría de los Cinco Grandes (también conocida como modelo de los Cinco Factores o *Big Five),* que identifica cinco dimensiones principales de la personalidad: apertura a la ex- periencia, responsabilidad, extraversión, amabilidad y estabilidad emocional. Estas dimensiones proporcionan una descripción amplia de los rasgos y comportamientos de una persona.

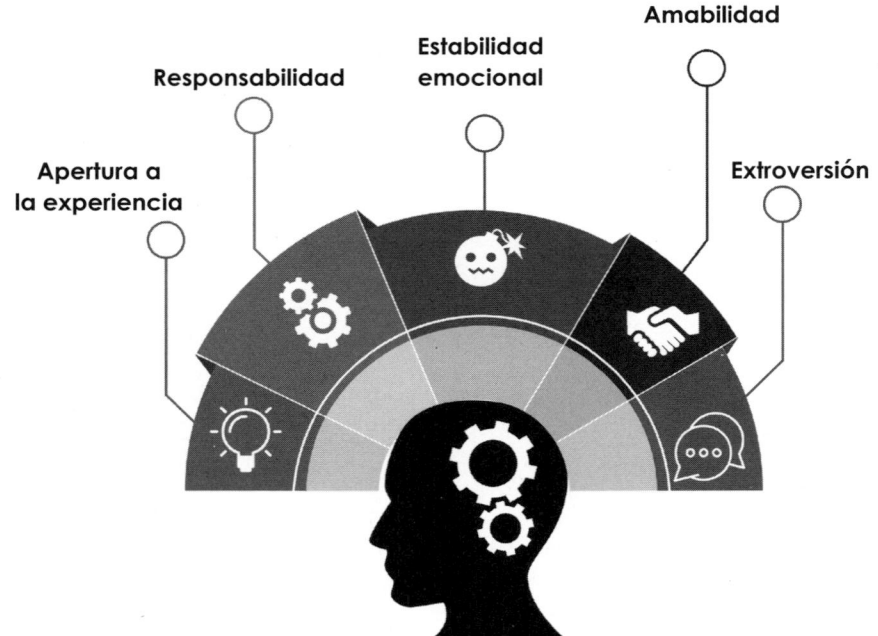

Apertura a la experiencia

Responsabilidad

Estabilidad emocional

Amabilidad

Extroversión

AUTOEVALUACIÓN: TEST DE PERSONALIDAD BASADO EN EL *BIG FIVE*

A continuación, te presento un breve test de personalidad basado en la teoría de los Cinco Grandes *(Big Five)*. Por favor, lee cada afirmación y evalúa en qué medida se aplica a ti. Luego, anota tu puntuación en una escala del 1 al 5, donde 1 representa «no se aplica en absoluto» y 5 representa «se aplica completamente». Al final del test, podrás ver una descripción general de tu puntuación en cada dimensión de la personalidad y algunas sugerencias para la interpretación.

Ten en cuenta que este test es solo una herramienta de autoevaluación y no proporciona un diagnóstico completo de tu personalidad. Los resultados pueden ser útiles para conocerte mejor a ti mismo y reflexionar sobre tus características y preferencias en relación a estas dimensiones.

▶ **1.** Disfruto de la compañía de otras personas y me siento genial cuando estoy rodeado de ellas.

▶ **2.** Soy una persona organizada y me gusta tener estructura en mi vida diaria.

▶ **3.** Me siento atraído por nuevas experiencias y me gusta probar cosas diferentes.

▶ **4.** Me preocupo por los demás y me esfuerzo por ser amable y comprensivo con ellos.

►**5.** Mantengo la calma y soy resiliente incluso en situaciones estresantes.

►**6.** Me resulta fácil adaptarme a los cambios y me siento cómodo en situaciones nuevas.

►**7.** Soy consciente de mis emociones y las manejo de manera efectiva.

►**8.** Soy confiable y cumplo mis promesas y compromisos.

►**9.** Disfruto de la reflexión y me gusta analizar diferentes ideas y perspectivas.

►**10.** Me fijo metas claras y trabajo duro para alcanzarlas.

►**11.** Me siento enérgico y motivado en situaciones sociales.

►**12.** Soy ordenado y me gusta tener todo bajo control en mi entorno.

►**13.** Me gusta explorar nuevas ideas y conceptos.

►**14.** Valoro la cooperación y me esfuerzo por ayudar a los demás.

►**15.** Mantengo la calma incluso en situaciones estresantes y sé manejar mis emociones.

►**16.** Soy flexible y me adapto rápidamente a los cambios en mi vida.

►**17.** Soy consciente de mis emociones y entiendo cómo me afectan.

►**18.** Soy una persona confiable y me mantengo fiel a mis compromisos.

►**19.** Disfruto participando en actividades sociales y me siento animado cuando interactúo con otras personas.

►**20.** Soy comprensivo y empático con los demás y me preocupo por su bienestar.

►**21.** Generalmente me mantengo tranquilo y sereno en situaciones estresantes y no suelo dejarme llevar fácilmente por mis emociones.

►**22.** Me gusta ser el centro de atención en ocasiones y me siento cómodo expresándome en grupos.

►**23.** Disfruto ayudando a los demás y me siento satisfecho cuando puedo hacer algo por alguien más.

▶**24.** Tiendo a hablar fácilmente con personas nuevas y disfruto entablando conversaciones con desconocidos.

▶**25.** Me considero una persona amable y amigable y valoro las relaciones positivas con los demás.

Ahora, calcula tu puntuación total para cada dimensión sumando los valores que has anotado para cada afirmación:

- **Apertura a la experiencia:** 3, 6, 9, 13 y 16.
Puntuación total: _

- **Responsabilidad:** 2, 8, 10, 12 y 18.
Puntuación total: _

- **Extroversión:** 1, 11, 19, 22 y 24.
Puntuación total: _

- **Amabilidad:** 4, 14, 20, 23, 25.
Puntuación total: _

- **Estabilidad emocional:** 5, 7, 15, 17 y 21.
Puntuación total: _

A continuación, revisa la interpretación de cada dimensión y cómo se relaciona con tu puntuación:

- **Apertura a la experiencia.** Esta dimensión refleja tu nivel de curiosidad, apertura mental y disposición a explorar nuevas ideas y experiencias. Una puntuación alta indica que eres una persona abierta, creativa y receptiva a nuevas oportunidades y perspectivas.

- **Responsabilidad.** Esta dimensión se refiere a tu grado de organización, autodisciplina y sentido del deber. Una puntuación alta indica que eres una persona confiable, cumplidora de tus compromisos y orientada hacia metas.

- **Extraversión.** Esta dimensión se refiere a tu nivel de sociabilidad, energía y preferencia por la interacción social. Una puntuación alta indica que eres una persona extrovertida, sociable y que disfrutas de la compañía de los demás.

- **Amabilidad.** Esta dimensión refleja tu grado de empatía, cooperación y consideración hacia los demás. Una puntuación alta indica que eres una persona amable, compasiva y que valora las relaciones interpersonales.

• **Estabilidad emocional.** Esta dimensión se refiere a tu nivel de estabilidad emocional y capacidad para manejar el estrés. Una puntuación alta indica que eres una persona emocionalmente estable, tranquila y capaz de mantener la calma en situaciones desafiantes.

La forma en que percibimos nuestras emociones y cómo las expresamos está influenciada por nuestra personalidad. Algunas personas pueden tener, por ejemplo, una personalidad más extrovertida, lo que significa que son más propensas a experimentar y expresar emociones positivas de manera abierta. Por otro lado, las personas con una personalidad más introvertida pueden ser más reservadas en la expresión de sus emociones y pueden sentirse más cómodas procesándolas internamente.

Además, ciertos rasgos de personalidad pueden influir en la intensidad y la duración de nuestras emociones. Por ejemplo, las personas que tienen un rasgo de neuroticismo tienden a experimentar emociones negativas con mayor intensidad y pueden ser más propensas a la ansiedad y la tristeza.

Algunas personas pueden ser naturalmente más expresivas y extrovertidas en su manifestación emocional, mientras que otras pueden ser más reservadas y controladas.

Ahora, te invito a reflexionar sobre tu propia personalidad y emociones. ¿Cómo describirías tu personalidad? ¿Eres extrovertido o introvertido? ¿Tienes una alta conciencia o tiendes a ser más espontáneo? ¿Experimentas emociones intensas o tiendes a mantener la calma en situaciones estresantes? Compruébalo con el siguiente ejercicio.

EJERCICIO: ¿QUIÉN SOY YO?

Este ejercicio es para tu reflexión personal. Tómate el tiempo que consideres necesario para responder sinceramente y observa cómo tus respuestas van revelando aspectos de tu personalidad y su relación con tus emociones. ¡Disfruta de este proceso de autodescubrimiento!

▶ **1. ¿Cómo te describirías en términos generales? ¿Cuáles son algunas características principales de tu personalidad?**

Ejemplo. Me considero una persona extrovertida y sociable. Disfruto de la compañía de los demás y tiendo a ser enérgico y entusiasta. También soy bastante organizado y me gusta planificar las cosas con anticipación.

▶ **2. ¿Consideras que eres más introvertido o extrovertido? ¿Cómo afecta esto a la forma en que experimentas y expresas tus emociones?**

Ejemplo. Soy más extrovertido. Cuando experimento emociones positivas, como la alegría o la emoción, tiendo a expresarlas abiertamente y compartir mi entusiasmo con los demás. Sin embargo, también necesito mi tiempo a solas para recargar energías y procesar mis emociones más íntimamente.

▶ **3. ¿Cómo reaccionas típicamente ante situaciones estresantes? ¿Tienes dificultad para manejar tus emociones en momentos en los que sientes presión o ansiedad, o te mantienes relativamente tranquilo y sereno?**

Ejemplo. En general, tiendo a mantener la calma en situaciones estresantes. Trato de abordar los problemas de manera racional y buscar soluciones prácticas. Sin embargo, en situaciones de estrés extremo, puedo experimentar ansiedad y me resulta más difícil manejar mis emociones.

▶ **4. ¿Te consideras una persona emocionalmente estable o más propensa a cambios emocionales significativos? ¿En qué situaciones sueles experimentar emociones intensas?**

Ejemplo. Soy emocionalmente estable en la mayoría de las situaciones. Sin embargo, tiendo a experimentar emociones intensas cuando se trata de situaciones injustas o cuando veo a alguien sufriendo. Me afectan profundamente la injusticia y la falta de empatía.

▶ **5. ¿Cómo influye tu nivel de conciencia en tus emociones? ¿Tiendes a ser organizado y disciplinado en tus actividades diarias, lo que te brinda una sensación de calma y satisfacción?**

Ejemplo. Mi nivel de conciencia es alto, lo que me lleva a ser organizado y disciplinado. Esta cualidad me brinda una sensación de calma y satisfacción, ya que me gusta tener las cosas bajo control. Cuando todo está en orden, tiendo a experimentar emociones positivas como la satisfacción y el logro.

▶ **6. ¿Cuál es tu nivel de apertura a nuevas experiencias? ¿Te sientes atraído por la exploración y el descubrimiento, lo que te genera emociones positivas como la emoción y la curiosidad?**

Ejemplo. Soy muy abierto a nuevas experiencias. Disfruto de la exploración y el descubrimiento, ya sea a través de viajar, probar nuevas actividades o aprender cosas nuevas. Estas experiencias me generan emociones positivas como la emoción y la curiosidad.

▶ **7. ¿Cómo te relacionas con los demás en términos emocionales? ¿Eres cálido y afectuoso, o te cuesta mostrar tus emociones abiertamente?**

Ejemplo. Me considero una persona cálida y afectuosa. Me resulta natural mostrar mis emociones y expresar mi amor y apoyo hacia las personas que me importan. Disfruto de la conexión emocional y me esfuerzo por construir relaciones sólidas basadas en la confianza y la empatía.

►**8. ¿Tienes algún rasgo de personalidad en particular que creas que influye en tus emociones de manera significativa?**

Ejemplo. Creo que mi nivel de neuroticismo influye en mis emociones de manera significativa. Soy bastante sensible y puedo experimentar ansiedad y preocupación en situaciones estresantes. Aunque trato de manejarlo, a veces puede ser desafiante regular mis emociones en esos momentos.

►**9. ¿Hay algún patrón o tendencia en la forma en que experimentas y expresas tus emociones en diferentes situaciones o relaciones?**

Ejemplo. En general, tiendo a ser bastante expresivo en mis emociones, tanto positivas como negativas. Sin embargo, en situaciones más formales, o con personas que no conozco bien, puedo ser más reservado y controlar más mis expresiones emocionales.

►**10. ¿Hay algún área específica en la que sientas que tus emociones y tu personalidad no están alineadas? ¿Cómo crees que podrías abordar esto para lograr una mayor coherencia y bienestar emocional?**

Ejemplo. A veces siento que mis emociones y mi personalidad no están alineadas cuando enfrento críticas o conflictos. Mi naturaleza extrovertida y emocional puede hacer que reaccione de manera intensa ante la crítica, lo que puede no ser constructivo. Para abordar esto, estoy trabajando en desarrollar una mayor resiliencia emocional y en escuchar más atentamente las críticas para aprender y crecer de ellas.

UNA PERSPECTIVA CREATIVA

Ha llegado el momento de ponerse más creativo: imagina que tienes un zoológico en tu mente lleno de diferentes animales emocionales. Cada animal representa una emoción diferente. Por ejemplo, el colibrí puede representar la alegría, el zorro puede ser el miedo, el elefante puede ser la tristeza y el tigre puede simbolizar la ira. Tú puedes imaginar los que más te parezcan.

Cuando experimentamos una emoción, es como si uno de estos animales se escapara de su jaula y empezara a interactuar con nosotros.

Cada animal emocional tiene su propio lenguaje especial. Puede ser a través de gestos, sonidos o colores. De este modo, el colibrí es un pequeño pájaro que simboliza la energía y la alegría. Su vuelo rápido y sus hermosas plumas coloridas transmiten una sensación de ligereza y felicidad.

Cuando sentimos alegría, es como si un **colibrí** revoloteara dentro de nosotros. Su aleteo rápido y constante nos llena de vitalidad y nos hace sonreír de oreja a oreja. Su presencia nos hace sentir vivos y nos contagia esa sensación de entusiasmo y positivismo.

Al igual que el colibrí se alimenta del néctar de las flores, la alegría nos alimenta y nos nutre. Nos impulsa a disfrutar de los pequeños momentos de la vida, a apreciar las cosas hermosas que nos rodean y a encontrar la felicidad en las cosas más simples.

Así que, cuando te dejes llevar por la alegría, recuerda la ligereza del colibrí.

Por el contrario, el **elefante** es un animal majestuoso y dócil, con una presencia imponente. Cuando nos sentimos tristes, es como si dicho elefante caminara silenciosamente dentro de nosotros. Sus ojos reflejan una profunda melancolía y sus pasos son pesados, como si llevara el peso de nuestras emociones en su espalda.

El paquidermo tiene una piel grisácea y arrugada, que refleja la nostalgia y la sensibilidad que experimentamos cuando nos sentimos tristes.

A veces, el elefante busca un lugar tranquilo donde refugiarse, alejándose del bullicio del mundo exterior. Allí, puede permitirse llorar. Pero a pesar de ello, este animal también nos invita a sentir y a explorar nuestras emociones más profundas, permitiéndonos sanar y crecer a través del proceso de aceptación y autocompasión.

Así como los elefantes se apoyan en sus manadas, en momentos de tristeza podemos buscar el apoyo de aquellos que nos rodean, compartiendo nuestras cargas emocionales y encontrando consuelo en la compañía y el entendimiento.

En el caso del miedo, el zorro es conocido por su astucia y su naturaleza cautelosa. Cuando nos sentimos asustados, es como si un zorro sigiloso se escondiera dentro de nosotros.

El **zorro** del miedo se mueve con sigilo y su pelaje se eriza, como si estuviera listo para escapar en cualquier momento. Sus ojos están en alerta y sus orejas se levantan, siempre en busca de cualquier señal de peligro. Su corazón late rápido, reflejando nuestra ansiedad y sensación de amenaza.

Este animal nos invita a ser conscientes de nuestros temores y a prestar atención a nuestras preocupaciones. Como un animal precavido, el zorro nos enseña a evaluar los riesgos y a tomar decisiones prudentes para protegernos.

Aunque el miedo puede ser paralizante, el zorro nos muestra que también podemos utilizar nuestra astucia para superar los obstáculos. Podemos aprender a enfrentar nuestros miedos de manera gradual y encontrar estrategias para lidiar con ellos.

Al igual que el zorro se camufla y se adapta a su entorno, podemos buscar el apoyo de los demás y utilizar recursos internos y externos para superar el miedo. Aprendiendo a enfrentarlo con valentía, podemos transformar nuestra experiencia de miedo en una oportunidad para crecer, explorar nuevos límites y fortalecer nuestra resiliencia.

Por otro lado, el **tigre** representa la ira. Este animal es un depredador poderoso y feroz, conocido por su fuerza y determinación. Cuando la ira se apodera de nosotros, es como si un tigre salvaje se despertara dentro de nuestro ser.

Muestra su presencia con un rugido atronador y enseña sus afilados colmillos. Su mirada intensa y sus garras listas para atacar. Su pelaje rayado en tonos de naranja y negro parece arder con la intensidad de nuestra ira.

Es importante aprender a manejar al tigre dentro de nosotros. Podemos canalizar su poder y energía hacia acciones constructivas, como establecer límites saludables, buscar soluciones a los problemas que nos provocan ira o comunicar de manera asertiva nuestras emociones y necesidades.

Al igual que el tigre en su hábitat natural, la ira nos muestra nuestra propia fuerza interna y nos recuerda que merecemos ser escuchados y respetados. Al aprender a controlar y direccionar la ira de manera positiva, podemos convertirla en una fuerza motivadora para generar cambios y superar obstáculos en nuestra vida.

Cuando aprendemos a escuchar y entender a estos animales emocionales, nos volvemos más conscientes de nuestras propias emociones. Así que, al igual que cuidamos y comprendemos a nuestros animales en un zoológico, también debemos cuidar y comprender nuestras emociones. Observar cómo interactúan con nosotros y cómo influyen en nuestras acciones nos ayuda a tomar decisiones más sabias y a vivir una vida más equilibrada y plena.

EJERCICIO: ¿QUÉ ANIMALES HAY DENTRO DE TI Y CÓMO LOS CONTROLAS?

Toma un momento para reflexionar e identificar qué animales dentro de ti podrían representar tus emociones. Puedes utilizar los que hemos mencionado si te identificas con ellos o elegir otros que pienses que se adaptan más a ti.

Para cada animal que hayas elegido, te invito a que describas sus características y comportamientos. ¿Cómo se manifiesta en ti? ¿Qué emociones, pensamientos o acciones representan? Intenta ser lo más detallado posible al describir cada animal.

Una vez que lo hayas hecho, puedes leer las situaciones cotidianas que te muestro a continuación y que están relacionadas con la alegría, la tristeza, el miedo y la ira. Después puedes colocarlas en el lugar que les corresponde de la tabla.

- Reunirse con amigos cercanos para disfrutar de una comida juntos.
- Experimentar un trato injusto o ser objeto de una crítica negativa.
- Sentir nostalgia al recordar momentos felices del pasado.
- Presenciar un evento traumático o estar cerca de una situación de peligro.
- Recibir una buena noticia, como un ascenso en el trabajo o un logro personal.
- Ver una película o leer un libro con una historia conmovedora.
- Encontrarse en una situación de peligro, como un accidente o una amenaza.
- Experimentar un acto de agresión verbal o física.
- Celebrar un cumpleaños o una ocasión especial con seres queridos.
- Vivir un cambio significativo en la vida, como mudarse a un lugar nuevo.
- Experimentar una pesadilla o tener miedo a la oscuridad.
- Enfrentar una injusticia personal o presenciar una injusticia hacia otros.

Alegría	Animal	Tristeza	Animal
Miedo	Animal	Ira	Animal

Una vez que hayas identificado el animal que surge en cada situación, y hayas completado la tabla, reflexiona sobre cómo puedes manejarlo de manera saludable. Puedes preguntarte: ¿Qué estrategias puedo utilizar para controlar este animal y su influencia en mí? ¿Cómo puedo gestionar las emociones asociadas con este animal de una manera constructiva?

Recuerda que el autoconocimiento es un proceso continuo y personal. Este ejercicio te ayudará a explorar y entender mejor tus emociones y comportamientos, permitiéndote tomar decisiones más conscientes y saludables en diferentes situaciones.

LA NATURALEZA EFÍMERA DE LAS EMOCIONES

Las emociones son una parte inherente de nuestra experiencia humana y, a menudo, tienen una naturaleza efímera. Se caracterizan por ser transitorias, es decir, vienen y van.

Visualiza la siguiente situación: estás en una fiesta disfrutando de una conversación animada y divertida con un grupo de amigos. En ese momento, sientes una intensa alegría y felicidad. Te ríes, compartes historias y te sientes enérgico y positivo.

De repente, recibes una llamada telefónica que te da una noticia inesperada y triste. En ese instante, tus emociones cambian drásticamente. La alegría que sentías anteriormente se desvanece con rapidez y da paso a la tristeza y la conmoción. Puedes experimentar una sensación de pesadez en el pecho, lágrimas en los ojos y una sensación de desánimo.

Sin embargo, después de unos minutos, recibes otro mensaje que aclara la situación y te alivia. En ese momento, las emociones nuevamente cambian, esta vez hacia el alivio y la tranquilidad. La tristeza se disipa y vuelves a sentirte más equilibrado emocionalmente.

Este ejemplo refleja cómo las emociones pueden surgir, crecer en intensidad, alcanzar un punto máximo y luego disminuir hasta desaparecer. Las emociones son como las olas en el mar, que van y vienen en nuestra experiencia humana. Su duración varía; algunas pueden permanecer solo unos segundos, mientras que otras pueden persistir durante horas o incluso días, pero siempre tienen esa naturaleza efímera y cambian a lo largo del tiempo. Esta variabilidad emocional es normal y forma parte de nuestra experiencia emocional cotidiana.

Es importante tener en cuenta que la volatilidad de las emociones no las hace menos significativas o menos válidas. Cada emoción tiene su propósito y puede brindarnos información valiosa sobre nuestras necesidades, deseos y experiencias. Reconocer y aceptar la naturaleza efímera de las emociones nos permite experimentarlas de manera más consciente y gestionarlas de forma saludable. También nos ayuda a comprender que las emociones no son permanentes y que podemos adaptarnos y responder de manera adecuada a medida que cambian a lo largo del tiempo.

EJERCICIO: LA NATURALEZA DE LAS EMOCIONES
Para ayudarte a entender la naturaleza de las emociones, debes centrar la atención solo en una emoción en concreto.

Dedica unos minutos a visualizar cada uno de estos 10 pasos en tu mente. Si te ayuda, cierra los ojos.

▶1. Sensación
Elige una emoción negativa que hayas experimentado recientemente.

*Ejemplo. Me sentí **frustrado** cuando no aprobaron mi proyecto en el trabajo.*

▶2. Reconocimiento
Reconoce que esta emoción no es mala. Fíjate en cómo viene y va y en que tú no eres esa emoción.

Ejemplo. Observo que la frustración viene y va en mi experiencia, y entiendo que no soy exclusivamente esa emoción. Reconozco que es una respuesta emocional natural.

▶3. Alejamiento
Recuerda esa emoción y fíjate en que ya no se encuentra en tu realidad presente.

Ejemplo. Ahora, al recordar la frustración que sentí por el proyecto no aprobado, me doy cuenta de que esa emoción ya no está presente en mi realidad actual. Es parte del pasado.

▶ **4. Análisis**
Pregúntate qué puedes aprender de esta emoción. ¿Qué te está intentando decir y cómo puedes utilizarla para crecer?

Ejemplo. Reflexiono sobre lo que la frustración me está enseñando. Puede indicar la importancia de mejorar mis habilidades en el trabajo. Utilizo esta emoción como una oportunidad para crecer y desarrollarme profesionalmente.

▶ **5. Visualización**
Visualiza cómo esa emoción negativa estaba contaminando todas tus experiencias. Quizá incluso te hizo pensar que nunca te desharías de ella.

Ejemplo. Visualizo cómo la frustración estaba afectando mi estado de ánimo y mi percepción en otras áreas de mi vida. Reconozco cómo la exageración de la emoción me hizo creer que nunca podría superarla.

▶ **6. Identificación**
Recuerda cómo sentiste la necesidad de identificarte con esa emoción negativa y/o la historia asociada a ella. Considera que también podrías haberte distanciado de ella.

Ejemplo. Recuerdo cómo me sentí identificado con la frustración, como si fuera parte de mi identidad. Sin embargo, considero que también puedo distanciarme de ella y no permitir que defina quién soy.

▶ **7. Percepción**
Recuerda cómo esa emoción negativa parecía estrechar tu visión y limitar tu potencial.

Ejemplo. Me doy cuenta de cómo la frustración limitaba mi visión y mi capacidad para explorar nuevas oportunidades. Reconozco que al liberarme de esta emoción, puedo ampliar mi perspectiva y aprovechar mi potencial.

▶ **8. Contagio**
Fíjate en cómo atraías más emociones negativas.

Ejemplo. Observo cómo mi enfoque en la frustración atraía más emociones negativas, como la irritación o la impaciencia. Reconozco que mi estado emocional puede influir en las experiencias que atraigo.

▶ **9. Repercusión**
Fíjate en cómo generaste más sufrimiento mental a partir de esa emoción al añadir tus propios juicios e interpretaciones.

Ejemplo. Reconozco cómo mis propios juicios y pensamientos negativos amplificaban el sufrimiento asociado a la frustración. Tomo conciencia de cómo puedo elegir manejar mis pensamientos de manera más constructiva.

▶ **10. Consciencia**

Por último, sé consciente de que esa emoción negativa solo estaba en tu mente y que el problema no existía en la realidad.

¿DE DÓNDE PROCEDEN LAS EMOCIONES?

> *Nuestras emociones son como fuegos sagrados que arden en nuestro interior, recordándonos que estamos vivos y conectados con el universo.*
> Anónimo

Las emociones, mi querido lector, provienen del lugar más profundo de nuestro ser, de un rincón misterioso dentro de nosotros mismos. Son como una chispa que nace en nuestro interior y se extiende por todo nuestro ser, como un fuego ardiente que ilumina nuestra vida.

Nacen de nuestras experiencias más auténticas, de esos momentos que nos conmueven y nos tocan el alma. Cada risa compartida, cada abrazo cálido, cada lágrima derramada contribuye a su creación.

Las emociones también provienen de nuestra conexión con el mundo que nos rodea. Los lugares que visitamos, las personas que conocemos, los aromas que inhalamos y los sonidos que escuchamos nos envuelven y despiertan nuestras emociones. Son como un baile mágico entre nuestro ser y el universo, un baile sin fin de sensaciones que nos hacen sentir vivos y plenamente presentes.

Y aunque no siempre podemos controlar el origen exacto de nuestras emociones, podemos aprender a comprenderlas y aceptarlas como parte de nuestra esencia. Son un regalo que nos permite experimentar la diversidad y la riqueza de la vida. Todas las emociones se muestran entrelazadas en una hermosa «sinfonía emocional».

Así que, cuando sientas una emoción fluir a través de ti, déjala bailar y expresarse. No te preocupes por su origen exacto, simplemente siéntela y permítete experimentarla en todo su esplendor. Reconoce que las emociones son parte esencial de lo que nos hace humanos, y que nos conectan con algo más grande y trascendental en el tejido de la existencia.

De este modo, abraza tus emociones, y permíteles que te acompañen en el maravilloso viaje de la vida.

Convivir con nuestras emociones es una parte fundamental de nuestro bienestar emocional. En primer lugar, es esencial reconocer y etiquetar nuestras emociones. Muchas veces, podemos sentirnos abrumados por una mezcla de emociones sin comprender realmente lo que estamos experimentando. Tomarnos el tiempo para identificar y nombrar nuestras emociones nos ayuda a entender mejor nuestras reacciones y a manejarlas de manera más efectiva.

RELACIÓN ENTRE EMOCIÓN Y PENSAMIENTO

Seguro que te suena esta pregunta: ¿Qué fue primero, el huevo o la gallina? Pues también vale para cuando se habla de emociones y pensamientos.

Existe una conexión entre lo que pensamos y cómo nos sentimos emocionalmente; nuestros pensamientos pueden desencadenar una respuesta emocional, ya sea positiva o negativa.

Cuando experimentamos algo o nos encontramos en una determinada situación, nuestros pensamientos interpretan y dan significado a esa experiencia. Estos pensamientos pueden ser consciente o subconscientes, y están influenciados por nuestras creencias, valores, experiencias pasadas y percepciones individuales. Es decir, si piensas constantemente en situaciones negativas, es más probable que experimentes emociones como tristeza, ansiedad o ira. Por otro lado, si tienes pensamientos positivos y optimistas, es más probable que percibas emociones como alegría o gratitud.

Por ejemplo, imagina que estás caminando por la calle cuando de repente ves a una persona que conoces acercándose hacia ti. Instantáneamente, un pensamiento cruza por tu mente: «esta persona siempre me critica y me hace sentir mal». Como resultado de ese pensamiento, experimentas una emoción de ansiedad y tensión. Te sientes incómodo y preocupado por cómo será tu interacción con esa persona.

Por otro lado, hay autores que sostienen que no todas las emociones están precedidas por pensamientos conscientes. Algunas emociones pueden ser respuestas automáticas y rápidas a ciertos estímulos, sin una reflexión cognitiva previa. Por ejemplo, piensa que estás viendo una película de terror en el cine. En una escena particularmente intensa, hay un susto repentino que te hace saltar de tu asiento y sentir miedo. En este caso, la emoción de miedo surge como una respuesta automática y física al estímulo inesperado de la escena de terror. No hay un pensamiento consciente previo que haya desencadenado la emoción de miedo, sino que es una reacción instantánea ante la percepción de peligro o amenaza.

Sean quienes sean los que tienen razón, lo que sí sabemos es que las personas estamos todo el tiempo inmersas en nuestros pensamientos, a menudo sin darnos cuenta. Evaluamos, anticipamos, juzgamos e intentamos explicarlo todo sin descanso. Este modo de funcionamiento está asentado en nosotros debido a nuestro instinto de supervivencia y protección transmitido por nuestros antepasados. En tiempos lejanos, y a lo largo de nuestra evolución, ha sido crucial poder discernir, comparar y predecir para detectar amenazas y elegir la mejor opción para sobrevivir.

En el mundo complejo en el que vivimos actualmente, el pensamiento sigue siendo una función indispensable. Sin embargo, el problema no radica en nuestros pensamientos en sí, sino en la forma en que nos relacionamos con ellos. Les damos un peso excesivo y permitimos que dirijan nuestras vidas y se conviertan en realidad. Estos pensamientos automáticos generan también emociones automáticas que influyen en nuestros comportamientos.

EJERCICIO: ¿CUÁLES SON AHORA TUS PENSAMIENTOS?
Detente un instante y apunta en un papel todos los pensamientos que te pasen por la cabeza, tal y como vengan.

¿Ya lo has hecho? Bien; ahora intenta no pensar en nada durante tres minutos. Para ello, te pido que no pienses en un perro verde durante ese tiempo.

¿Has pensado en el perro verde?

Probablemente ya lo hayas intuido: resulta imposible tener un control absoluto sobre nuestros pensamientos. El aluvión de pensamientos es constante e incontrolable. Tratar de controlar los pensamientos, de la misma manera que intentar evitarlos, solo genera más problemas. La clave está en no ser esclavizados por ellos y, en cambio, reconocerlos como simples pensamientos, no como una realidad absoluta.

IDENTIFICA TUS EMOCIONES
A menudo, las emociones pueden ser intensas y difíciles de comprender o expresar. Al reconocer las emociones, nos volvemos conscientes de cómo nos sentimos y podemos comenzar a comprender mejor nuestras reacciones y comportamientos.

EJERCICIO: AUTODIÁLOGO

Este ejercicio es una oportunidad para explorar tus emociones y pensamientos internos. Sé amable contigo mismo durante este proceso y permite que surjan las respuestas de forma natural. Cuanto más practiques el autodiálogo, tu comprensión y la profundidad de tus conocimientos sobre el origen de tus emociones crecerán. Para ello, sigue los pasos indicados a continuación:

▶ 1. Entorno

Encuentra un lugar tranquilo y cómodo donde puedas estar a solas contigo mismo. Puedes elegir sentarte en un espacio tranquilo de tu casa o en la naturaleza, o incluso acostarte en tu cama.

▶ 2. Tiempo

Establece un tiempo concreto para realizar esta actividad. Puede ser tan breve como 10 minutos o más si lo deseas. Asegúrate de que sea un período en el que no tengas prisa ni seas interrumpido.

▶ 3. Respiración

Comienza la sesión del autodiálogo centrándote en tu respiración. Toma algunas respiraciones profundas y conscientes para relajarte y centrar tu atención en el presente.

▶ 4. Opciones

Elige si prefieres hacer el autodiálogo en voz alta o por escrito. Si optas por hacerlo en voz alta, puedes hablar en voz baja o susurrar para evitar distraerte o perturbar a otras personas si estás en un entorno compartido. Si prefieres escribir, asegúrate de tener a mano papel y bolígrafo.

▶ 5. Introspección

Comienza haciéndote una pregunta abierta a ti mismo relacionada con tus emociones. Puede ser algo como: ¿qué emociones he estado experimentando últimamente y por qué? o ¿cuál es el origen de mi tristeza, enfado, alegría o miedo?

▶ 6. Objetividad

Permítete responder a esa pregunta de manera honesta y sin juzgarte. Expresa tus pensamientos y sentimientos con sinceridad, ya sea hablando en voz alta o escribiendo. No te preocupes por la estructura o la coherencia, simplemente deja que tus pensamientos fluyan libremente.

▶ 7. Profundización

A medida que te respondas a ti mismo, profundiza en tus respuestas. Explora las situaciones, eventos, pensamientos o recuerdos que crees que están relacionados con tus emociones. Hazte preguntas adicionales para comprender mejor el origen de esas emociones, como: ¿qué fue lo que desencadenó esta emoción? o ¿hay algún patrón en mis experiencias pasadas que esté relacionado con esta emoción?

▶ **8. Procesamiento**

Continúa el autodiálogo el tiempo que hayas establecido previamente, reflexionando sobre diferentes emociones y sus orígenes. No te apresures y permite que el proceso sea fluido y natural.

▶ **9. Conclusión**

Al finalizar la sesión, tómate un momento para hacer una breve reflexión sobre lo que has descubierto o las ideas que han surgido durante el autodiálogo. Puedes anotar estas reflexiones en tu diario si lo deseas.

Te animo a que sigas dedicando un poco más de tiempo a ser consciente de tus emociones y pensamientos. Para ello, te sugiero el siguiente ejercicio.

EJERCICIO: DIARIO DE EMOCIONES

Esta actividad te ayudará a desarrollar una mayor conciencia emocional al explorar sobre el origen de tus emociones en diferentes situaciones. También te permitirá identificar patrones o desencadenantes recurrentes, lo que puede ayudarte a comprender mejor tus propias respuestas emocionales.

Para realizarlo necesitarás un cuaderno y un bolígrafo. Después, sigue estos pasos:

▶**Paso 1**
Toma un tiempo cada día para sentarte en un lugar tranquilo y abrir tu diario de emociones.

▶**Paso 2**
Reflexiona sobre las emociones que has experimentado a lo largo del día y trata de identificar el origen de cada una de ellas.

▶**Paso 3**
Escribe en tu diario las emociones que has experimentado y trata de profundizar en las razones o situaciones específicas que las desencadenaron.

▶**Paso 4**
Sé lo más específico posible al describir cada emoción y su origen. Pregúntate a ti mismo: ¿qué sucedió o qué pensamientos tuve que desencadenaron esta emoción?, ¿hay patrones o eventos recurrentes que están vinculados a estas emociones?

▶**Paso 5**
Al final de cada entrada, reflexiona sobre cómo te sientes al haber identificado el origen de tus emociones y si hay alguna acción que puedas tomar para manejarlas o procesarlas de manera saludable.

Identificar nuestras emociones es como aprender a tocar un instrumento musical. Al principio, puede resultar desafiante y requerir tiempo y práctica para entender los diferentes tonos, ritmos y melodías. A medida que nos sumergimos en el proceso de explorar nuestras emociones, nos volvemos más hábiles en reconocer los matices sutiles y las variaciones en nuestro estado emocional. Es importante prestar atención a los detalles y estar presentes en el momento. Al escuchar y observar atentamente nuestras emociones, podemos descubrir una amplia gama de notas emocionales, desde las suaves y melancólicas hasta las enérgicas y apasionadas. Ser conscientes de todos estos matices nos ayuda a comprendernos mejor.

Al igual que con la práctica musical constante, el tiempo y la dedicación a la exploración de nuestras emociones nos permiten afinar nuestra capacidad de reconocer y comprender nuestras propias reacciones emocionales.

De este modo, identificar las emociones, para después asignarles un nombre, puede ser una tarea ardua y desafiante, además de ser un trabajo muy útil para comprender y manejar mejor tus experiencias emocionales. No será un esfuerzo en vano y los resultados seguro que acabarán por sorprenderte.

EJERCICIO: IDENTIFICANDO EMOCIONES

Observa la tabla durante un momento; tómate el tiempo que necesites. Ahora lee en voz alta todas las emociones que hay.

Alegría	Tristeza	Ira	Miedo
Agradable	Abatido		Alarmado
Alegre	Abrumado		Angustiado
Animado	Afectado		Ansioso
Asombrado	Afligido	Airado	Asustado
Confiado	Apenado	Contrariado	Atemorizado
Contento	Conmovido	Crispado	Contrariado
Divertido	Consternado	De mal humor	Desamparado
Emocionado	Decaído	Desanimado	Desconcertado
Eufórico	Deprimido	Descontento	Desestabilizado
Entusiasta	Desengañado	Enfadado	Desorientado
Excitado	Desgraciado	Enfurecido	Espantado
Feliz	Deshecho	Enojado	Helado
Juguetón	Desolado	Frustrado	Horrorizado
Loco	Entristecido	Furioso	Incómodo
Maravillado	Hecho polvo	Irascible	Inquieto
Pletórico	Lloroso	Irritado	Inseguro
Radiante	Melancólico	Nervioso	Intimidado
Relajado	Nostálgico	Rabioso	Petrificado
Risueño	Preocupado	Rencoroso	Tembloroso
Satisfecho	Taciturno		Temeroso
Sereno	Triste		
Sobreexcitado			
Travieso			

- ¿Sientes algo en tu cuerpo al pronunciar cada palabra? Si la respuesta es «sí», intenta describir qué es lo que sucede.

- ¿Te acuerdas de alguna situación en la que lo sentiste?

Ahora observa cada columna:

- Si lo deseas, puedes añadir otras palabras a estas listas que creas que faltan y tú si hayas sentido alguna vez.

Te animo a que, de vez en cuando, te pares y te preguntes qué es lo que sientes, aunque la intensidad de la emoción sea muy débil. Y es que nombrar las emociones te permite reconocerlas y comunicarlas de manera más efectiva, pero es un verdadero desafío que nos enfrenta a diversos obstáculos en nuestro intento por comprender y expresar adecuadamente nuestras vivencias internas.

EL PODER DE LAS PALABRAS

Cada uno de nosotros experimenta y percibe vivencias de manera única y personal. Lo que uno podría describir como tristeza profunda, otro podría interpretarlo como una sensación de vacío o desamparo. No existe una medida objetiva que nos permita definir con precisión una emoción, lo que complica aún más la tarea de ponerle un nombre.

EJERCICIO: PALABRAS EMOCIONALES
Este ejercicio te ayudará a profundizar en tus emociones, a explorar tu relación con cada una de ellas y a descubrir nuevas perspectivas sobre cómo te afectan.

▶ **1. Enumeración**
Crea una lista de emociones con las que quieras explorar. Puedes incluir alegría, tristeza, ira, miedo, sorpresa, amor, gratitud, entre otras. Elige tantas emociones como desees.

▶ **2. Tiempo**
Decide cuánto tiempo dedicarás a cada emoción. Puede ser de uno a tres minutos por emoción, dependiendo de tus preferencias. Dale al cronómetro y empieza a escribir todo lo que te venga a la mente en relación con esa emoción elegida.

▶ **3. Objetividad**
No te juzgues a ti mismo y evita autocensurarte. Explora tus emociones sin restricciones. Si te quedas sin ideas, profundiza en tus sentimientos, pensamientos y experiencias.

Como ejemplo:

ALEGRÍA	«Me siento así cuando, por ejemplo, estoy jugando un partido y todo lo que intento me sale como quiero».
TRISTEZA	«Me siento así, por ejemplo, cuando recibo una noticia desalentadora sobre un ser querido que está enfermo».
IRA	«Me siento así cuando, por ejemplo, un amigo me trata injustamente».
MIEDO	«Me siento así cuando, por ejemplo, voy por primera vez al trabajo porque es una situación desconocida para mí».

SORPRESA	«Me siento así cuando, por ejemplo, camino por un sendero en el bosque y, de repente, me encuentro con una cascada oculta entre la vegetación».
AMOR	«Me siento así cuando, por ejemplo, paso tiempo con alguien especial como mi pareja».

Una vez que hayas completado el tiempo para esa emoción, tómate un momento para leer lo que has escrito. Reflexiona sobre tus pensamientos y observa cualquier patrón que hayas notado en tus palabras. Después, explora cada una de las emociones que has escrito.

¡Ay! Las palabras. Siempre nos han sido de gran ayuda. De hecho, no hace tanto tiempo, en un mundo sin Internet ni teléfonos móviles, las palabras tomaban una forma tangible y se convertían en portadoras de nuestros pensamientos y emociones más íntimas en las cartas que mandábamos por correo ordinario. Esos pequeños «tesoros» de papel nos conectaban con nuestros seres queridos.

El proceso de escribir una carta era todo un ritual. Tomábamos bolígrafo y papel, y con cuidado seleccionábamos nuestras palabras. Cada trazo que hacíamos era un testimonio de nuestro cariño y dedicación. Cada palabra escrita tenía un peso y una intención que iba mucho más allá de una simple comunicación.

Por otro lado, la espera por una respuesta era una mezcla de ansiedad y expectación. Cada día revisábamos el buzón con la esperanza de encontrar una carta esperada. No había mensajes instantáneos ni notificaciones electrónicas; solo la incertidumbre y la emoción de recibir una respuesta física, llena de palabras cuidadosamente seleccionadas y escritas a mano. Cuando finalmente llegaba esa carta, nos sentábamos con calma y dedicación para leer cada palabra, saboreando el contenido y sumergiéndonos en la presencia del remitente. Era un momento de celebración.

Las cartas eran mucho más que simples mensajes. Eran un reflejo de nosotros mismos, una expresión de nuestra personalidad y afecto. Podíamos conservarlas en una caja de recuerdos, revivirlas una y otra vez y apreciar el poder duradero de las palabras escritas.

EJERCICIO: CARTA A TUS EMOCIONES

Ahora te pido que escribas una carta dirigida a una emoción en particular. Puedes elegir la alegría, la tristeza, el miedo o cualquier otra emoción que desees explorar. Describe cómo te hace sentir, pregúntale sobre su origen y cómo podéis trabajar juntos para entenderla mejor. Permítete ser honesto contigo mismo y abrirte a la experiencia; escribe desde el corazón y sin censura.

▶ 1. Entorno
Encuentra un lugar tranquilo y cómodo donde puedas concentrarte sin distracciones. Asegúrate de que no haya nada que pueda desviar tu atención. Puedes tener papel y bolígrafo a mano, o utilizar un dispositivo electrónico (ordenador, móvil, tableta) para escribir tu carta.

▶ 2. Opciones
Decide qué emoción específica deseas explorar en tu carta. Puede ser cualquier emoción que sientas que deseas abordar.

▶ 3. Autodiálogo
Comienza tu carta dirigiéndote a la emoción como si estuvieras hablando con una persona. Por ejemplo, puedes empezar con algo como: «Querida [nombre de la emoción]».

▶ 4. Fluyendo
Exprésate libremente y sin restricciones. Describe cómo te hace sentir esa emoción en particular. Puedes mencionar situaciones específicas en las que has experimentado esa emoción y cómo te ha afectado. No te preocupes por la estructura o la gramática, simplemente deja que tus sentimientos fluyan.

▶ 5. Reflexión
Haz preguntas a la emoción. Por ejemplo, puedes preguntarle por qué surge en ciertas situaciones, cómo ha influido en tu vida o qué mensaje está tratando de transmitirte. Permítete reflexionar sobre el origen y el propósito de esa emoción en tu vida.

▶ 6. Autorrespuesta
Imagina que la emoción te está respondiendo a través de tus palabras. Permítete escribir las respuestas como si fuera el punto de vista de la emoción. Puede ser útil cambiar de perspectiva y explorar diferentes puntos de vista dentro de ti.

▶ 7. Cierre
Finaliza tu carta con una despedida, agradeciendo a la emoción por su presencia y expresando tu disposición para aprender y crecer a través de la comprensión de tus emociones. Puedes cerrar con una frase como: «Gracias por enseñarme y guiarme en mi camino emocional».

El poder de tus palabras es más significativo de lo que podrías imaginar. Tus pensamientos, palabras y emociones están interconectados y se influyen mutuamente. Imagina que te enfrentas a un desafío deportivo, como correr una maratón. Si careces de confianza en ti mismo, podrías utilizar palabras o expresiones como: «voy a intentar correr la maratón», «espero poder completarla» o «deseo que termine bien». Estas palabras reflejan una falta de seguridad y pueden generar dudas en tu mente.

No obstante, al utilizar palabras más específicas y afirmativas, puedes aumentar tu confianza. En lugar de las expresiones anteriores, podrías decir: «correré la maratón con determinación», «completaré la carrera sin importar las dificultades» o «alcanzaré mi objetivo de cruzar la línea de meta». Estas palabras transmiten convicción y confianza en tu capacidad para lograr el desafío.

Al utilizar estas palabras más poderosas, estarás fortaleciendo tu mentalidad y generando una actitud positiva hacia el objetivo que te has propuesto. Te sentirás más seguro de ti mismo, tendrás más confianza en tus capacidades y aumentarás tus posibilidades de éxito en la maratón, ya que tus palabras influyen en tus pensamientos y comportamiento.

Palabras a evitar	Palabras que debes usar
Haría	Lo haré
Debería	Seguro
Podría	Definitivamente
Puede que	Por supuesto
Intentar	Obviamente
Esperar	Sin ninguna duda
Desear	Sin problema
Quizás	
A lo mejor	

EJERCICIO: LAS AFIRMACIONES POSITIVAS

Te animo a que utilices afirmaciones positivas durante cinco minutos al día. Fíjate en las palabras que muestran una falta de compromiso, confianza o asertividad. Revisa los mensajes que das durante el día y elimina expresiones como: «lo intentaré», «debería», «espero», etc. Sustitúyelas por «lo haré», «seguro que lo consigo» u otras con una asertividad equivalente.

Durante las siguientes semanas, plantéate el reto de evitar frases que muestren falta de confianza como: «no estoy seguro de si puedo hacerlo» o «es posible que falle». Sustituyéndolas por: «estoy dispuesto a dar lo mejor de mí para lograrlo» o «confío en que encontraré una solución efectiva».

TÉCNICAS DE ASOCIACIÓN DE EMOCIONES

Sin embargo, el lenguaje se revela como **una herramienta limitada** para expresar plenamente las sutilezas y las múltiples facetas de las emociones. A menudo, las palabras resultan insuficientes para abarcar la amplia gama de sentimientos que experimentamos.

Las emociones son fluidas y cambiantes, y encontrar términos precisos que las describan con exactitud puede convertirse en una tarea escurridiza. Por eso, te propongo que para poder reconocer tus emociones trabajes la **asociación.**

Asociar emociones con tarjetas puede ser una técnica efectiva para ayudarte a determinar y comprender tus emociones. A continuación, te propongo un método que puedes probar.

EJERCICIO: EL JUEGO DE ASOCIAR EMOCIONES

Para hacer este juego, debes preparar una serie de tarjetas o fichas en las que escribas los nombres de las diferentes emociones (tristeza, alegría, ira...). Pon solo un nombre por tarjeta, tal y como ves en el siguiente ejemplo:

Baraja las tarjetas y colócalas boca abajo sobre la mesa. Toma una de ellas y, sin mostrarla a los demás, trata de representar la emoción a través de expresiones faciales, gestos o movimientos corporales. Los demás jugadores deben adivinar la emoción que estás representando. Este juego te ayudará a explorar y familiarizarte con diferentes emociones.

Hay otros métodos de asociación, en este caso **visuales,** que te ayudarán a identificar y etiquetar tus emociones. Este tipo de herramientas suelen representar diferentes emociones y pueden servir como referencia visual para ayudarte a reconocer cómo te sientes.

En primer lugar, te animo a que trabajes con la rueda de las emociones de **Robert Plutchik.** Este psicólogo consideraba que existían ocho emociones fundamentales, las cuales casi nunca se presentan solas, sino que se expresan en diferentes grados de intensidad. Estas son: alegría, confianza, miedo, sorpresa, tristeza, aversión, ira y anticipación. Y se pueden combinar.

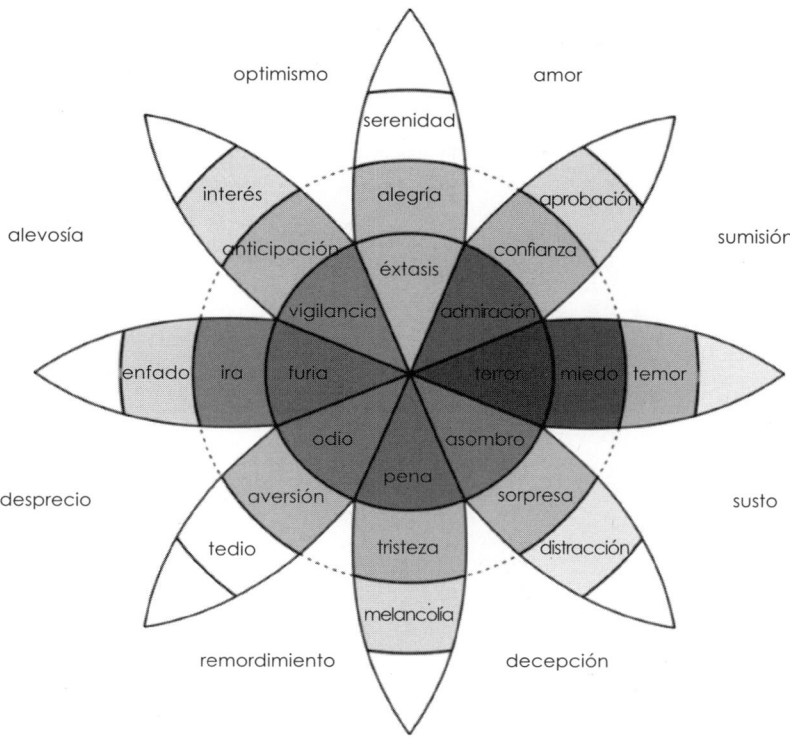

Las emociones combinadas primarias son:

- Miedo + Sorpresa = **Alarma**
- Sorpresa + Tristeza = **Decepción**
- Tristeza + Asco = **Remordimiento**
- Asco + Ira = **Desprecio**

A partir de la rueda de las emociones, te propongo un sencillo ejercicio.

EJERCICIO: LA RULETA DE LAS EMOCIONES

La ruleta de las emociones es una propuesta lúdica de mucho éxito para trabajar competencias emocionales. Para practicarla, sigue estos pasos:

▶ **Paso 1**

Toma un papel o una cartulina, corta un círculo y luego dibuja caras con distintas emociones a su alrededor, como alegría, tristeza, enojo, sorpresa, miedo y vergüenza.

►**Paso 2**

Haz luego un pequeño agujero en el centro del círculo para amarrar una flecha que será el indicativo de la emoción que sientes.

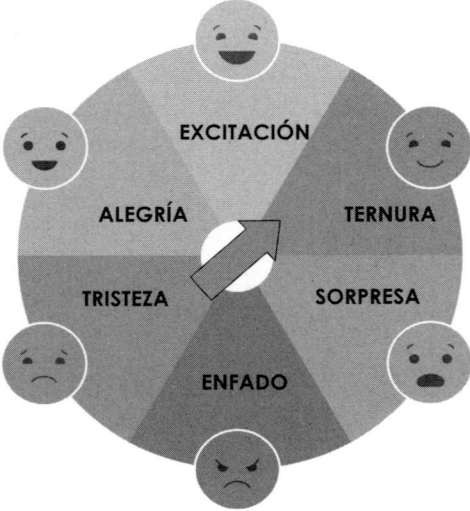

Otro enfoque que te permitirá identificar emociones de manera visual y a través de historias narrativas, será por medio del visionado de las películas.

EJERCICIO: OBSERVA UNA PELÍCULA

A través de este ejercicio de observación podrás conectarte con tus propias emociones a través de lo que ves en la pantalla. Para ello:

►**1. Selección**

Elige una película que aborde de manera destacada las emociones. Puedes optar por una película conocida que sepas que contiene escenas emotivas o explorar películas recomendadas que traten temas emocionales.

►**2. Entorno**

Asegúrate de tener un ambiente tranquilo y cómodo para ver la película. Deja de lado las distracciones como, por ejemplo, el teléfono móvil, para poder concentrarte plenamente.

►**3. Observación**

Mientras ves la película, presta atención a las expresiones faciales y al lenguaje corporal de los personajes. Observa cómo transmiten y muestran diferentes emociones a lo largo de la historia.

►**4. Análisis**

Fíjate en los cambios sutiles o dramáticos en sus expresiones y cómo se relacionan con las situaciones y los diálogos en la película.

►**5. Conexión**

A medida que observas las emociones representadas en la película, conecta con tus propios sentimientos y emociones. Pregúntate a ti mismo cómo te sientes al ver esas escenas y si alguna emoción específica se intensifica en ti. Siéntete libre de identificar y etiquetar tus emociones a medida que surgen durante la película.

►**6. Reflexión**

Después de ver la película, tómate un tiempo para reflexionar sobre las emociones que experimentaste y cómo se relacionaron con las escenas de la película.

Si lo deseas, puedes escribir en un diario o tomar notas sobre tus reflexiones y las emociones que has experimentado durante la película. Anota las escenas o momentos específicos que más te han impactado y las razones detrás de tus reacciones emocionales.

CONECTA CON TUS EMOCIONES

Una vez que somos conscientes de nuestras emociones, es fundamental aceptarlas sin juzgarnos a nosotros mismos. Todas las emociones, ya sean positivas o negativas, son parte de nuestra experiencia humana y tienen un propósito. Permitirnos **sentir** y expresar nuestras emociones nos ayuda a procesarlas y liberar cualquier tensión o estrés acumulado.

EJERCICIO: ASÍ ME SIENTO

A continuación, te presento posibles situaciones que puedes experimentar en tu vida diaria, y podrás elegir qué tipo de emociones te generan. Puedes escribir tus respuestas en un papel o simplemente reflexionar internamente.

¿Qué tipo de emoción (alegría, sorpresa, nostalgia, felicidad, satisfacción, orgullo, gratitud, nerviosismo, ansiedad, temor, confianza, frustración, enojo, estrés, decepción, tranquilidad, serenidad, relajación, curiosidad, reflexión, aceptación, motivación, tristeza, empatía, inspiración, euforia, irritación, impaciencia, aburrimiento, resignación, etc.) te genera esta situación?:

- Recibes un cumplido por un trabajo bien hecho.
- Te encuentras con un amigo que no has visto en mucho tiempo.

- Tienes que hablar en público frente a un grupo grande de personas.
- Pierdes el autobús o llegas tarde a una cita importante.
- Estás disfrutando de una tarde soleada en el parque.
- Recibes una crítica constructiva sobre tu trabajo.
- Estás viendo una película o serie emocional.
- Te encuentras en medio de un atasco de tráfico.

Recuerda que no hay respuestas correctas o incorrectas en este ejercicio. Cada persona puede experimentar diferentes emociones frente a las mismas situaciones. Lo importante es ser consciente de tus propias emociones y cómo te aparecen en diferentes contextos de la vida cotidiana.

Continuemos practicando cómo sentir tus emociones. A continuación, te presento otro ejercicio para que puedas explorar y conectarte con tus emociones.

EJERCICIO: ESCRIBE TU PROPIO CUENTO

En este caso, ¿por qué no escribes tu propio cuento? Mediante tu imaginación y tu creatividad puedes escribir tu propia historia ficticia con la que te sientas identificado y con la que podrás reconocer tus propias emociones.

Esta herramienta te permitirá observar tu propia situación vital desde la perspectiva del espectador y no desde la del protagonista, lo cual te facilitará la identificación de dichas emociones.

Una vez que identificas, experimentas, sientes y reconoces tus emociones, se puede decir que has **conectado** con ellas y podrás utilizarlas como una herramienta para obtener una **visión más clara de la realidad** que te rodea.

EJERCICIO: NO TODOS VEMOS LO MISMO

Siempre se ha dicho que una imagen vale más que mil palabras. La capacidad que tenemos las personas para procesar una información se acelera cuando nos llega en forma de imagen.

¿Qué te transmite la imagen de la derecha?

La *Mona Lisa*, también conocida como *La Gioconda,* es una famosa pintura del artista renacentista Leonardo da Vinci. Una de las características más destacadas de esta obra maestra es la enigmática sonrisa de la figura retratada.

La sonrisa de la *Mona Lisa* ha sido objeto de especulación y debate a lo largo de los años. Muchos han intentado interpretar su significado y entender las emociones que transmite. Algunos la describen como una sonrisa enigmática, misteriosa o sutil, que parece cambiar dependiendo del ángulo desde el que se observe.

¿Sonríe o no sonríe? Depende de tu estado emocional. No todos interpretamos las mismas cosas al mirar una imagen.

MIS NECESIDADES Y
MIS EMOCIONES

*El reconocimiento y la satisfacción de nues-
tras necesidades emocionales son esenciales
para nuestro bienestar mental y emocional.*

Marshall Rosenberg

Nuestras necesidades son requisitos fundamentales que debemos satisfacer para sobrevivir, crecer y prosperar como seres humanos. Es más fácil comprender las necesidades si las analizamos desde el punto de vista del funcionamiento de un ecosistema. Imaginemos un bosque en el que cada organismo desempeña un papel crucial para mantener el equilibrio y la armonía. Tomemos como ejemplo la necesidad de agua.

En este ecosistema, el agua es vital para la supervivencia de cada uno de los seres vivos. Si los árboles, las plantas y los animales no obtienen la cantidad de agua necesaria, pueden experimentar diversos problemas. Las plantas pueden marchitarse y morir, los animales pueden deshidratarse y sufrir enfermedades, y todo el ecosistema se verá afectado.

De manera similar, en nuestra vida diaria, todos tenemos necesidades esenciales para funcionar de manera óptima. Estas necesidades pueden ser físicas, emocionales o sociales. Por ejemplo, la necesidad de alimentarnos adecuadamente, descansar lo suficiente, tener relaciones significativas y sentirnos seguros y valorados.

La satisfacción de estas necesidades es como la «nutrición» de nuestro sistema emocional, similar a cómo el suministro adecuado de agua fortalece y regenera un ecosistema. Cuando nuestras necesidades se satisfacen, nos sentimos fortalecidos, capaces de enfrentar desafíos, resolver conflictos y adaptarnos a los cambios. Esto nos proporciona resistencia emocional, bienestar y nos impulsa hacia el crecimiento personal.

Sin embargo, si nuestras necesidades no son satisfechas de manera adecuada, podemos experimentar desequilibrios emocionales, estrés o malestar. Al igual que un ecosistema afectado por la escasez de agua, nuestro sistema psicoemocional se ve debilitado y vulnerable.

Reconocer y atender nuestras necesidades es esencial para nuestro desarrollo personal y nuestra salud mental. Así como el ecosistema necesita un suministro adecuado de agua para florecer, nosotros necesitamos satisfacer nuestras necesidades para prosperar en todos los aspectos de nuestra vida.

LAS NECESIDADES FUNDAMENTALES

Hay una gran variedad de necesidades fundamentales para nuestro bienestar y desarrollo. Existen muchísimas clasificaciones, y entre ellas se suelen mencionar:

• **Necesidades de autorrealización.** Esta es la necesidad de alcanzar nuestro potencial máximo y desarrollar nuestros talentos y habilidades. Implica la búsqueda de crecimiento personal, metas significativas, autenticidad y la expresión plena de quienes somos.

• **Necesidades de estima**. Estas necesidades se refieren a la valoración y el reconocimiento de uno mismo y por parte de los demás. Incluyen la necesidad de autoestima, confianza, respeto propio y sentirse valorado y apreciado por los demás.

• **Necesidades de pertenencia y afecto.** Los seres humanos tenemos una necesidad innata de conexión social y de pertenecer a grupos y tener relaciones significativas. Esto incluye la necesidad de amor, amistad, intimidad y apoyo emocional.

• **Necesidades de seguridad.** Incluyen la necesidad de sentirse protegido y seguro tanto física como emocionalmente. Esto implica tener estabilidad, protección contra peligros y amenazas y un entorno predecible.

• **Necesidades fisiológicas.** Son las necesidades básicas para la supervivencia, como el aire, el agua, la comida, el sueño y el refugio.

Ten en cuenta que estas necesidades no son estáticas y pueden variar de una persona a otra. Además, tus necesidades pueden cambiar a lo largo de la vida y en diferentes situaciones. También es importante destacar que estas necesidades están interconectadas y se influyen mutuamente.

EJERCICIO: CLASIFICA TUS NECESIDADES

En este momento te voy a pedir que tomes un papel y un bolígrafo y clasifiques las siguientes necesidades en las categorías con las que guardan relación:

Fisiológicas	Seguridad	Pertenencia y afecto	Estima	Autorrealización

respirar • protección • amor • hidratación • trabajo • amistad • descanso • recursos financieros • entorno estable • aceptación • refugio • compañía • desarrollo de habilidades • pertenencia • creatividad • autoestima • sueños personales • cuidados médicos • ser competente • comida • entorno laboral seguro • ser escuchado • salud • tiempo de calidad • autonomía • reconocimiento • realización • seguridad • confianza • contacto • respeto • cariño • rutina • vestimenta • límites claros • metas personales • valoración • autenticidad • higiene.

Después de hacer esta clasificación, ahora te pido que te tomes el tiempo que necesites y pienses en cuáles son tus propias necesidades.

¿Ya las sabes? Bien…

EJERCICIO: RANKING DE NECESIDADES

Mira tus propias necesidades y ahora clasifícalas según el orden de importancia que tienen para ti. Por ejemplo:

Ranking de necesidades

Salud
Entorno estable
Autonomía
Cariño
…

Las emociones están estrechamente ligadas a dichas necesidades, ya que nos indicarán lo que es verdaderamente «importante» para cada uno de nosotros.

RELACIÓN ENTRE EMOCIONES Y NECESIDADES

Imagina por un instante que tus necesidades son semillas. Cada una de estas semillas es única, y representa tu deseo profundo de crecimiento emocional. Cuando son atendidas, florecen en emociones cálidas y vibrantes. Son como flores que se abren al sol. La satisfacción de estas necesidades te regala emociones como la alegría, la serenidad, la gratitud y el amor.

Sin embargo, cuando las necesidades quedan insatisfechas, las semillas languidecen y tus emociones se ven afectadas. Las emociones dolorosas como la tristeza, la ira o la frustración brotan como señales de advertencia, clamando por la atención que merecen tus necesidades.

En ocasiones, tus emociones pueden ser un eco distorsionado de tus necesidades. Cuando te sientes herido o desamparado, esas emociones te recuerdan que alguna de tus semillas internas está pidiendo ser reconocida. En ese momento, puedes sumergirte en la introspección, indagando dentro de tus emociones para descubrir qué necesidad precisa ser atendida.

Descubrir y satisfacer nuestras necesidades emocionales es un camino de autodescubrimiento y crecimiento personal. Nos invita a escuchar atentamente las emociones que resuenan en nuestro interior y a comprometernos con la búsqueda constante de equilibrio y bienestar.

EJERCICIO: EMOCIONES Y NECESIDADES

Ahora te pido que identifiques tres emociones agradables y tres emociones desagradables, así como las necesidades que se asocian a ellas. Una vez las tengas, usa papel y bolígrafo para apuntarlas según el ejemplo que puedes ver a continuación:

Emoción	Necesidad
Ejemplo agradable: En este momento siento alegría.	Ello responde a mi necesidad de reconocimiento y autorrealización.
Ejemplo desagradable: En este momento estoy experimentando ira.	Mi necesidad no cubierta es la de tener un entorno laboral seguro.

Una vez que las hayas identificado y observado las emociones que te provocan, te animo a que reflexiones sobre las necesidades más importantes para ti en este momento. Es esencial que seas consciente de la importancia de tus necesidades.

EJERCICIO: SER CONSCIENTE DE MIS NECESIDADES

Crea un mapa visual que represente tus necesidades y las actividades que te ayudan a satisfacerlas. Para ello, dibuja un círculo para cada una de tus necesidades y, a su alrededor, escribe las actividades o acciones que te permiten cubrirlas. Puedes incluir actividades como practicar ejercicio, pasar tiempo con seres queridos, meditar, aprender algo nuevo, etc. Este ejercicio te ayudará a visualizar qué actividades te ayudan a satisfacer tus necesidades y si hay alguna necesidad que estés descuidando.

Si las comprendes, podrás «saber» cuál es la mejor forma de trabajar tus necesidades para satisfacerlas, y así gestionar tus emociones de manera más efectiva, mejorar tu salud emocional y fortalecer tus relaciones interpersonales.

Entonces, ¿cuál puede ser la mejor manera de comportamiento para responder a tus necesidades de la forma más conveniente?

EJERCICIO: MI COMPORTAMIENTO Y MIS NECESIDADES

En esta actividad te pido que te esfuerces en encontrar el mayor número de maneras de responder a las siguientes necesidades que te propongo. Ten a mano papel y bolígrafo y di cómo respondes a:

▶ 1. La necesidad de tener autonomía...

Por ejemplo: establezco un horario personalizado para mi rutina diaria, donde puedo tomar decisiones sobre cómo estructurar mi tiempo y qué tareas priorizar. Además, busco oportunidades para tomar decisiones independientes en el trabajo, participando en proyectos donde tenga cierta libertad para planificar y ejecutar mis tareas según mi propio enfoque.

▶ 2. La necesidad de relacionarme con los otros...

Por ejemplo: organizo encuentros regulares con amigos y familiares, ya sea para compartir comidas, realizar actividades recreativas o simplemente para conversar y mantener el contacto. También me involucro en grupos sociales o clubes donde puedo conocer a nuevas personas y compartir intereses comunes, como un club de lectura o un equipo deportivo.

▶ 3. La necesidad de ser reconocido...

Por ejemplo: cuando finalizo un proyecto de forma exitosa, comparto los resultados y los logros alcanzados con mi equipo o con mi supervisor, para recibir retroalimentación positiva y reconocimiento por mi trabajo. Además, busco oportunidades de desarrollo profesional, como participar en conferencias.

▶ **4. La necesidad de alcanzar metas…**

Por ejemplo: establezco metas claras y realistas para mí mismo y me comprometo a trabajar para lograrlas. Utilizo herramientas como la planificación, el establecimiento de pasos concretos y la gestión del tiempo para mantenerme enfocado y avanzar hacia mis objetivos. También busco apoyo y recursos necesarios para alcanzar esas metas, como capacitación adicional o la colaboración con otras personas.

Ahora responde:

• ¿Cuáles son tus necesidades y cómo respondes a ellas?

Por ejemplo: si tengo la necesidad de buscar un equilibrio entre el trabajo y la vida personal, puedo establecer límites claros, como no revisar correos electrónicos fuera del horario laboral o reservar un tiempo específico para actividades de ocio y descanso. Si tengo la necesidad de cuidar mi bienestar físico, puedo comprometerme a hacer ejercicio regularmente o buscar opciones de alimentación saludable.

La clave es que identifiques tus necesidades personales y encuentres estrategias que sean efectivas y se ajusten a tu estilo de vida.

LAS NECESIDADES Y LAS EXPECTATIVAS

Nuestras expectativas son las creencias que tenemos sobre cómo deberían ser las cosas o cómo se desarrollarán eventos futuros. Estas expectativas pueden generar emociones positivas o negativas dependiendo de si se cumplen o no.

Cuando nuestras expectativas se cumplen, es probable que experimentemos emociones positivas como alegría, satisfacción o felicidad. Por ejemplo, si esperamos que un amigo nos invite a salir y finalmente lo hace, es posible que nos sintamos emocionados y felices.

Por otro lado, cuando nuestras expectativas no se cumplen, es probable que experimentemos emociones negativas como decepción, frustración, ira o tristeza. Por ejemplo, si esperábamos obtener un ascenso en el trabajo y no sucede, es posible que nos sintamos decepcionados y frustrados.

Cuando ocurre esto último se da la llamada «bomba emocional de las expectativas». Este concepto se refiere a que nuestras emociones pueden «saltar por los aires» cuando nuestras expectativas chocan con la realidad. Esto sucede cuando nuestras expectativas son demasiado altas, poco realistas o idealizadas. Por ejemplo, si esperamos que una cita romántica sea absolutamente perfecta y, en cambio, surgen contratiempos o situaciones inesperadas, es probable que experimentemos una gran decepción y la «bomba emocional» explote.

Trabajar de manera conjunta tus necesidades y expectativas es crucial para lograr un equilibrio entre lo que esperas y lo que realmente necesitas. Para ello, te propongo el siguiente ejercicio.

EJERCICIO: MIS NECESIDADES Y EXPECTATIVAS

Este ejercicio te ayudará a tener claridad sobre tus necesidades y expectativas, y te permitirá trabajar de manera conjunta para lograr un equilibrio saludable entre ambas. Recuerda que la comunicación efectiva contigo mismo y con los demás también es fundamental para alcanzar tus metas y satisfacer tus necesidades. Para conseguirlo, sigue los pasos indicados a continuación:

▶ 1. Identifica tus necesidades

Haz una lista de tus necesidades fundamentales, tanto personales como profesionales. Considera aspectos como la seguridad, la salud, las relaciones interpersonales, el crecimiento personal, el desarrollo profesional, la estabilidad financiera, etc. Procura ser lo más específico posible a la hora de describir cada necesidad.

Ejemplo:

• *Necesidades personales: salud física y emocional, seguridad, conexiones sociales, tiempo para el autocuidado.*

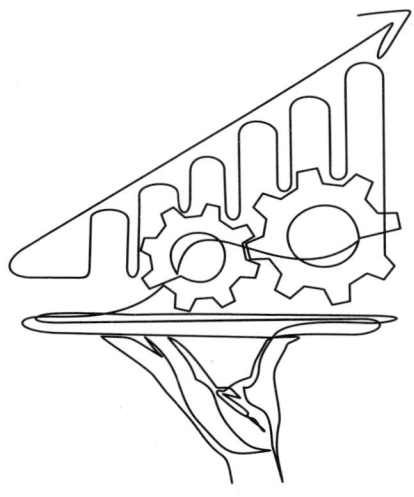

• *Necesidades profesionales: desarrollo profesional, equilibrio entre vida laboral y personal, estabilidad laboral, oportunidades de crecimiento.*

▶ 2. Identifica tus expectativas

Ahora, reflexiona sobre tus expectativas en diferentes áreas de tu vida. Piensa en lo que esperas lograr, experimentar o recibir en cada una de estas áreas. Pueden ser metas a corto plazo o a largo plazo, pero asegúrate ce ser realista y alcanzable en tus expectativas.

Ejemplo:

• *Espero tener un trabajo que me apasione y me brinde satisfacción.*

• *Espero tener tiempo suficiente para dedicarme a actividades y hobbies preferidos.*

• *Espero tener relaciones sólidas y significativas con mis seres queridos.*

• *Espero tener un equilibrio saludable entre el trabajo y la vida personal.*

▶3. Compara y analiza

Revisa tus listas de necesidades y expectativas y compáralas. Observa si tus expectativas son coherentes con tus necesidades o si hay alguna discrepancia entre ambas. Por ejemplo, si necesitas estabilidad financiera, pero esperas ganar una gran cantidad de dinero rápidamente sin mucho esfuerzo, puede haber una discrepancia.

Ejemplo:

• *Al comparar las necesidades con las expectativas, noto que algunas expectativas, como tener un trabajo perfecto que me apasione en todo momento de mi vida, pueden ser poco realistas y no estar alineadas con la realidad laboral.*

▶4. Prioriza y ajusta

Una vez que hayas identificado las discrepancias, es importante priorizar tus necesidades y ajustar tus expectativas en consecuencia. Si algunas de tus expectativas son poco realistas o no están alineadas con tus necesidades fundamentales, considera revisarlas y modificarlas para que sean más acordes con tu situación y circunstancias.

Ejemplo:

• *Decido priorizar mi necesidad de encontrar un equilibrio entre el trabajo y la vida personal.*

• *Ajusto mis expectativas para que sean más realistas, comprendiendo que habrá momentos en los que el trabajo demande más tiempo y esfuerzo, pero también asegurándome de dedicar tiempo suficiente a mis intereses y relaciones personales.*

▶5. Planifica acciones

Una vez que hayas ajustado tus expectativas, es momento de planificar acciones para satisfacer tus necesidades y trabajar hacia tus metas realistas. Identifica las acciones específicas que puedes llevar a cabo para lograr tus necesidades y expectativas y establece un plan de acción con plazos y pasos claros.

Ejemplo:

• *Establezco un horario semanal en el que asigno tiempo específico para mis actividades de autocuidado, tiempo con la familia y amigos, así como para el desarrollo profesional.*

• *También identifico oportunidades de crecimiento dentro de mi trabajo actual y establezco metas alcanzables en función de ello.*

► **6. Reevalúa y ajusta regularmente**
Recuerda que tus necesidades y expectativas pueden cambiar con el tiempo, por lo que es importante reevaluar y ajustar regularmente este ejercicio. Mantente abierto a realizar cambios y adaptaciones según sea necesario para asegurarte de que tus necesidades fundamentales estén siendo atendidas y tus expectativas sean realistas.

Ejemplo:

• *Cada mes, reviso mi progreso y ajusto mi plan de acción según sea necesario.*

• *Si encuentro que alguna de mis necesidades no está siendo satisfecha o si mis expectativas han cambiado, realizo los ajustes pertinentes para mantener un equilibrio saludable.*

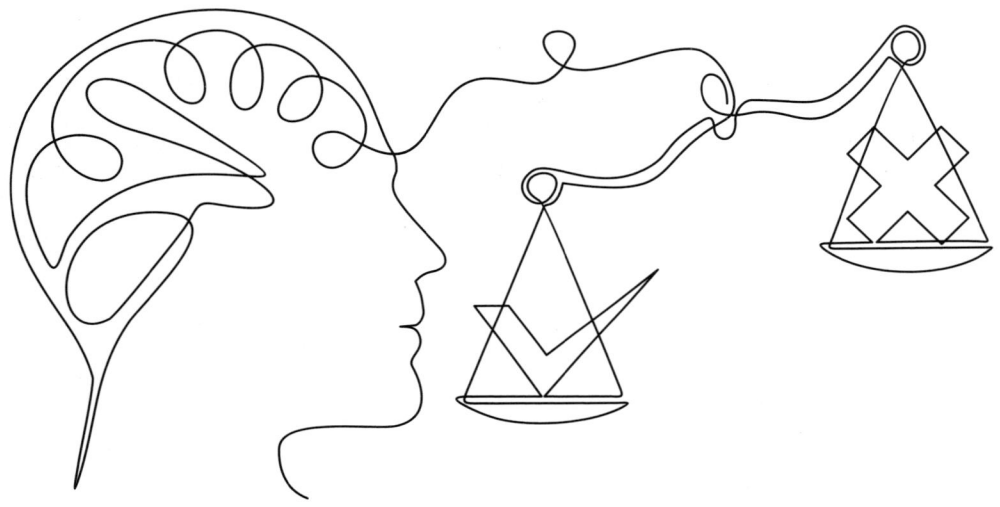

LAS EMOCIONES POSITIVAS Y NEGATIVAS

> *No hay malos sentimientos, solo malas formas de manejarlos.*
>
> SIGMUND FREUD

L as emociones son respuestas subjetivas y afectivas que experimentamos como seres humanos. A lo largo de la vida, las personas sentimos un amplio abanico de emociones marcadas por nuestro pasado, nuestro comportamiento y nuestro entorno. De ahí que existan **emociones positivas y negativas** y que se pueden clasificar en estas dos categorías. Sin embargo, esta clasificación es solo una de las tantas que hay en la actualidad.

TIPOS DE EMOCIONES

¿Qué emociones te mueven últimamente? Es decir, en un combate imaginario en tu interior entre la positividad y la negatividad, ¿quién ganaría?

EJERCICIO: POSITIVIDAD VS. NEGATIVIDAD
Piensa en las últimas 24 horas y puntúate del 1 al 5, siendo:

- **1.** Nunca.
- **2.** Raramente.
- **3.** A veces.
- **4.** Con frecuencia.
- **5.** Siempre.

1. ¿Cómo de divertido o «juguetón» te has sentido?

2. ¿Cómo de enfadado, irritado o molesto te has sentido?

3. ¿Cómo de avergonzado, humillado o desgraciado te has sentido?

4. ¿Cómo de sorprendido, maravillado o asombrado te has sentido?

5. ¿Cómo de despreciativo, prepotente o desdeñoso te has sentido?

6. ¿Cómo de asqueado o a disgusto te has sentido?

7. ¿Cómo de avergonzado o cohibido te has sentido?

8. ¿Cómo de agradecido o afortunado te has sentido?

9. ¿Cómo de culpable o arrepentido te has sentido?

10. ¿Cuánto odio, desconfianza o sospecha has sentido?

11. ¿Cómo de optimista o animado te has sentido?

12. ¿Cómo de inspirado o ilusionado te has sentido?

13. ¿Cómo de curioso, interesado o alerta te has sentido?

14. ¿Cómo de alegre, contento o feliz te has sentido?

15. ¿Cómo de amoroso, cercano o cariñoso te has sentido?

16. ¿Cómo de orgulloso, con confianza en ti o seguro te has sentido?

17. ¿Cómo de triste, desanimado o infeliz te has sentido?

18. ¿Cómo de asustado, con miedo o atemorizado te has sentido?

19. ¿Cómo de tranquilo o en paz te has sentido?

20. ¿Cómo de estresado, nervioso o abrumado te has sentido?

Puntuación:

Solo debes tener en cuenta los valores con puntuación de 2, 3 o 4. Todos los que hayas puntuado con 0 o 1, tienes que descartarlos.

Suma las preguntas de este modo:

- **Suma A:** preguntas 1, 4, 8, 11, 12, 13, 14, 15, 16, 19.
- **Suma B:** preguntas 2, 3, 5, 6, 7, 9, 10, 17, 18, 20.

La suma A representa las emociones positivas; la B, las emociones negativas.

La **ratio de positividad** es el resultado de dividirlas: **A/B,** de tal modo que un número superior a 3 supone que tu actitud positiva sobresale frente a circunstancias negativas o sucesos estresantes.

Las **emociones positivas** son respuestas agradables, placenteras y deseables. Estas reflejan y repercuten en tu bienestar general y contribuyen a enriquecer los vínculos afectivos con otros, tu desempeño laboral y tu rendimiento académico.

Ejemplos de emociones positivas son:

- **Felicidad.** Una sensación de alegría, satisfacción y bienestar.
- **Amor.** Un sentimiento de cariño, afecto y conexión emocional hacia otra persona.
- **Gratitud.** Una emoción de agradecimiento y apreciación por algo o alguien.
- **Esperanza.** Una actitud optimista y la expectativa de que algo bueno suceda.
- **Alegría.** Una emoción intensa de placer y regocijo.
- **Serenidad.** Un estado de calma, tranquilidad y paz interior.

Las **emociones negativas** te hacen sentir mal contigo mismo, además reducen tu autoestima y la confianza propia. Si bien es natural sentir estas emociones, el malestar que ocasionan puede afectar a otros ámbitos de la vida diaria.

Ejemplos de emociones negativas son:

- **Tristeza.** Una sensación de pesar, desánimo y falta de alegría.
- **Miedo.** Una respuesta de alerta y temor ante una amenaza o peligro.
- **Ira.** Un sentimiento de enfado, furia o indignación.
- **Desprecio.** Una actitud de menosprecio o desvalorización hacia algo o alguien.
- **Vergüenza.** Una sensación de humillación o incomodidad por una acción o situación.
- **Culpa.** La responsabilidad o remordimiento por un acto considerado como incorrecto o dañino.

Ten en cuenta que se denominan emociones positivas porque nos dan bienestar, y se denominan emociones negativas porque, aunque son funcionales y necesarias, no nos satisfacen cuando las experimentamos.

Muchas veces, al hablar de emociones, confundimos positivo con bueno y negativo con malo, cuando la connotación de estas palabras llega a ser mucho más compleja. Por ejemplo, la afirmación de que la tristeza es negativa generalmente se basa en la perspectiva común de que es una emoción que experimentamos cuando enfrentamos pérdidas, desafíos o situaciones desfavorables en nuestras vidas. En estos casos, la tristeza puede estar asociada con sentimientos de dolor, pesar y desesperanza.

Sin embargo, aunque la tristeza puede ser incómoda y desencadenar respuestas negativas en el corto plazo, también puede tener aspectos positivos y desempeñar un papel beneficioso para nuestro bienestar emocional y crecimiento personal.

EJERCICIO: CATEGORIZA TUS EMOCIONES

Las emociones son parte natural de tu experiencia y todas tienen un propósito. El objetivo de este ejercicio es ayudarte a explorar tus propias emociones y que puedas categorizarlas como «positivas» o «negativas».

Para ello, prepara una hoja de papel y divídela en dos columnas:

Emociones positivas	Emociones negativas

▶ **1.** Haz una lista de diferentes emociones que hayas experimentado en tu vida. Puedes incluir cualquier tipo de emoción como: alegría, amor, gratitud, esperanza, confianza, orgullo, tranquilidad, tristeza, enojo, miedo, decepción, celos, vergüenza, ansiedad, etc.

▶ **2.** Después, toma cada emoción de la lista y colócala en la columna correspondiente según la consideres una emoción positiva o negativa. Intenta hacerlo de forma intuitiva, basándote en tus propias experiencias y percepciones.

Ejemplo:

Emociones positivas	Emociones negativas
Alegría	Tristeza
Amor	Enfado
Gratitud	Miedo
Esperanza	Decepción
Entusiasmo	Frustración
Serenidad	Envidia
Satisfacción	Ansiedad

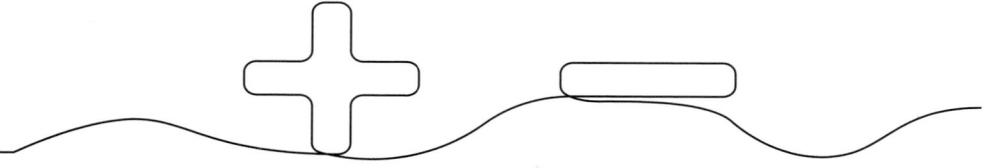

▶ **3.** Una vez que hayas categorizado todas las emociones, tómate un momento para reflexionar sobre las categorías resultantes. Observa si hay algún patrón o tendencia en las emociones que consideras positivas o negativas.

- ¿Hay más emociones positivas que negativas, o viceversa?
- ¿Hay algunas emociones que no estás seguro de cómo categorizar?

En el ejemplo propuesto, hay el mismo número de emociones positivas que negativas. También puedes notar que algunas emociones como «esperanza» pueden ser consideradas positivas en general, pero en determinados contextos pueden tener elementos negativos.

Recuerda que las emociones son complejas y multifacéticas, y que cada persona puede tener diferentes interpretaciones y experiencias con respecto a las emociones. Es posible que algunas emociones sean difíciles de categorizar claramente como positivas o negativas, ya que pueden tener aspectos positivos y negativos dependiendo del contexto y la situación. Por ejemplo, el enfado puede impulsar a tomar acción, pero también es posible que llegue a causar conflictos.

▶ **4.** Por último, utiliza esta categorización de emociones como punto de partida para reflexionar sobre tus propias respuestas emocionales:

• Considera qué emociones te gustaría experimentar con más frecuencia y cómo podrías cultivar esas emociones positivas en tu vida.

• Del mismo modo, reflexiona sobre las emociones negativas y busca formas de manejarlas o transformarlas en emociones más positivas.

• Si notas que hay más emociones negativas que positivas, puedes explorar formas de cultivar más emociones positivas en tu vida. También puedes reflexionar sobre cómo manejar las emociones negativas y buscar formas saludables de transformarlas o gestionarlas.

EL SESGO DE NEGATIVIDAD

Seguro que has oído hablar del llamado **«sesgo de negatividad»**; este se refiere a la predisposición que tenemos las personas de orientar nuestra atención hacia lo negativo. Es decir, siempre tendemos a darle mayor importancia a los aspectos negativos de lo que nos ocurre. Por ejemplo, imagina que estás en una entrevista de trabajo y te va muy bien. Respondes a las preguntas de manera sólida, estableces una buena conexión con el entrevistador y sientes que has dejado una impresión positiva en general. Sin embargo, al final de la entrevista, el entrevistador menciona un área en la que podrías mejorar tus habilidades técnicas.

A pesar de que la entrevista fue en su mayoría positiva y te sentiste bien durante la mayor parte del proceso, tu tendencia el sesgo de negatividad te lleva a centrarte principalmente en el comentario sobre tus habilidades técnicas. A partir de ese momento, empiezas a dudar de tus capacidades y a preocuparte excesivamente por esa única crítica, ignorando los elogios y aspectos positivos de la entrevista.

Intenta dejar de lado el sesgo de negatividad y piensa que las emociones positivas forman parte de tu día a día. De hecho, pueden ser una herramienta muy útil para lidiar con las emociones negativas, actuar como un contrapeso y ayudar a restaurar tu equilibrio emocional. Por eso, es importante que las estimules de diferentes maneras.

EJERCICIO: ¿SOLO VES EL LADO NEGATIVO DE LAS COSAS?

En este ejercicio abordaremos la pregunta de si tiendes a ver únicamente el lado negativo de las cosas. A través de pasos prácticos, aprenderás a identificar este patrón de pensamiento y a trabajar en equilibrar tus perspectivas.

▶ 1. Reflexiona sobre tus pensamientos

- Tómate un tiempo y párate a reflexionar y analizar con calma tus pensamientos cotidianos.
- Observa si tiendes a enfocarte en los aspectos negativos de las situaciones o las personas.
- Presta atención a tus reacciones emocionales y a las palabras que utilizas al describir tus propias experiencias.

Por ejemplo:

- **Reflexión.** «Me doy cuenta de que a menudo me enfoco en las dificultades y desafíos de mi trabajo, dejando de lado los aspectos positivos».
- **Pensamiento negativo identificado.** «Siempre tengo que lidiar con problemas en el trabajo y nada sale como espero».

▶ **2. Equilibra perspectivas**

• Desafía el enfoque negativo identificado, buscando también los aspectos positivos de las situaciones.
• Reconoce que todas las situaciones tienen múltiples facetas y busca enfocarte en los aspectos favorables o en las lecciones aprendidas.

Por ejemplo:

- **Aspectos positivos identificados.** «Aunque enfrento desafíos en mi trabajo diario, también tengo la oportunidad de aprender y crecer profesionalmente. Trabajar en equipo me ofrece la posibilidad de establecer relaciones significativas».
- **Lección aprendida.** «Cada desafío es una oportunidad para desarrollar nuevas habilidades y fortalecer mi resiliencia».

▶ **3. Practica la gratitud**

• Cultiva una mentalidad de gratitud al tomar conciencia de las cosas positivas en tu vida.
• Establece el hábito de escribir diariamente tres cosas de tu vida por las que estés agradecido.
• Entrena tu mente para enfocarte en los aspectos positivos.

Por ejemplo:

- **Cosas por las que estoy agradecido.** «Estoy agradecido por tener un trabajo que me permite crecer profesionalmente, por tener compañeros de trabajo colaborativos y por las oportunidades de aprendizaje que se me presentan».

▶ **4. Cambia tu lenguaje interno**

• Observa el lenguaje que utilizas contigo mismo.
• Reemplaza los pensamientos negativos que crucen tu mente por afirmaciones positivas y realistas.

Por ejemplo:

- **Pensamiento negativo reemplazado.** En lugar de decir: «siempre tengo que lidiar con problemas en el trabajo y nada sale como espero», puedes cambiarlo a: «estoy enfrentando desafíos en mi trabajo, pero estoy aprendiendo a manejarlos y creciendo en el proceso».

▶ 5. Busca apoyo

- Considera buscar apoyo de tu entorno.
- Obtén perspectivas diferentes y estrategias adicionales para trabajar en el enfoque negativo.

Por ejemplo:

> - **Buscar apoyo.** «Decido hablar con mi supervisor o un mentor en el trabajo para obtener su perspectiva y orientación sobre cómo abordar los desafíos y encontrar un equilibrio entre los aspectos positivos y negativos de mi trabajo».

POTENCIA LAS EMOCIONES «BUENAS»

Ten claro que las emociones positivas forman parte de tu día a día. De hecho, serán una herramienta útil para que puedas lidiar y convivir con las emociones negativas, ya que pueden ayudarte a restaurar tu equilibrio emocional.

Pero, ¿cómo puedes orientar estas emociones positivas a tu favor?, ¿cómo puedes **potenciar tus emociones «buenas»?**

AGRADECE

Expresar gratitud es una poderosa herramienta para potenciar las emociones positivas. Cuando te tomas el tiempo para reconocer y agradecer las cosas buenas en tu vida, estás cultivando un enfoque positivo y fomentando sentimientos de alegría, aprecio y felicidad.

EJERCICIO: PASEA, PIENSA Y AGRADECE

Puedes pasear solo o con otras personas, pero procura no hablar con ellas durante este tiempo, ya que este paseo debes hacerlo en silencio para lograr conectar con tu interior y tus pensamientos. Una vez realizada la caminata, reflexiona sobre las cosas por las que te sientes agradecido.

Debes dar un paseo de unos 10 minutos y, mientras caminas, puedes ir haciéndote las siguientes preguntas:

- ¿Qué cosas buenas tienes en tu vida?
- ¿Por qué estás agradecido con esas cosas?
- ¿Cómo te benefician esas cosas por las que estás agradecido?
- Si alguien te ayudó, ¿cuánto crees que le costó? Por ejemplo, dinero, tiempo, esfuerzo, entre otros.

Después de ello, reflexiona durante cinco minutos.

Usa un cuaderno y un bolígrafo y escribe algunas de las cosas que has pensado y por las que te sentiste agradecido. Si alguien te ayudó, explica por qué sentiste gratitud por su ayuda.

DISFRUTA

Disfrutar de las cosas de la vida es la forma por excelencia que nos plantea nuestra sociedad para ser felices. Al saborear y disfrutar plenamente de tus experiencias, estarás potenciando tus emociones positivas y cultivando la gratitud y alegría en tu vida cotidiana.

Pero conseguir disfrutar no está totalmente bajo nuestro control. En nuestras manos está elegir y realizar las acciones correspondientes para lograrlo; pero nadie te garantiza lo que vas a sentir. Ahora bien, aunque esto no ocurra, puedes hacer algo que sí está en tus manos: ser consciente de lo que has vivido.

EJERCICIO: ¿QUÉ COSAS DIVERTIDAS TE PASAN?

Dedica 10 minutos todos los días para reflexionar sobre las tres cosas que te hayan parecido más divertidas de lo que has visto, escuchado o incluso participado en ese día. Describe cada una y pregúntate:

- ¿Por qué pensaste que eran divertidas?
- ¿Cuáles fueron las razones que hicieron que estos sucesos fueran especialmente divertidos?
- ¿Qué emoción sentiste en estos momentos?

VALORA LAS PEQUEÑAS COSAS DE LA VIDA

Otra manera de conectar con tus emociones positivas es dedicar un tiempo a **valorar las cosas pequeñas de la vida.** Son «tesoros escondidos» que a menudo pasan desapercibidos en medio de nuestras ocupadas rutinas. Son esos momentos y detalles que, aunque parezcan insignificantes, tienen el poder de traer alegría a nuestras vidas como, por ejemplo, el olor del café recién hecho, un rayo de sol que se filtra por la ventana por la mañana, el sonido suave de la lluvia golpeando el techo, una sonrisa amable de un extraño en la calle, el abrazo reconfortante de un ser querido, el sabor de nuestra comida favorita, el suave susurro del viento y sentir la tierra bajo nuestros pies, un mensaje inesperado de un amigo que nos hace saber que están pensando en nosotros, el sonido de risas sinceras o un momento de soledad tranquila, entre otras.

Estas son solo algunas de las innumerables pequeñas cosas de la vida que pueden traer emociones positivas a tu existencia. Al prestar atención a estos detalles y aprender a valorarlos, puedes apreciar más todo lo que te rodea y encontrar alegría en los momentos más cotidianos.

EJERCICIO: FÍJATE EN LAS PEQUEÑAS COSAS

A menudo, nos enfocamos en metas y deseos más grandes, pero olvidamos apreciar las pequeñas cosas que nos rodean.

Hacer este ejercicio te ayudará a entrenar tu mente para enfocarte en lo positivo y cultivar las emociones positivas de tu vida cotidiana. Para ello, te indico, a continuación, las cuatro fases que debes seguir. Comencemos:

▶ 1. Pensamiento previo

Reflexiona sobre las pequeñas cosas que a menudo pasan desapercibidas en tu día a día.

Ejemplo. Recuerdas el aroma del café recién hecho que te despierta por las mañanas y te llena de energía y calidez.

▶ 2. Listado

Haz una lista de al menos cinco pequeñas cosas que te hayan aportado alegría o que hayas apreciado en los últimos días. Puedes escribirlas en un diario o simplemente hacer una lista mental.

Ejemplo. Escribes en tu diario: «aprecié el cálido abrazo de mi hija cuando regresé a casa, la belleza de las flores en el jardín, el sabor del helado en un día caluroso, la risa contagiosa de un amigo y el sonido relajante de la lluvia cayendo».

►**3. Elección**

Después de hacer la lista, elige una de las cosas y sumérgete en los detalles. Imagina vivir ese momento nuevamente, pero esta vez prestando atención a cada pequeño detalle. Visualiza los colores, los sonidos, los olores y las sensaciones asociadas con esa experiencia. Permítete saborear plenamente esa pequeña alegría.

Ejemplo. Eliges el sabor del helado en un día caluroso. Cierras los ojos e imaginas saborear cada cucharada, sintiendo la frescura y dulzura en tu boca, disfrutando de la textura suave y los sabores deliciosos que se mezclan dentro de ella.

►**4. Agradecimiento**

Agradece esa pequeña cosa en tu mente o en voz alta. Reconoce cómo te hizo sentir y la forma en que contribuyó a tu bienestar emocional.

Ejemplo. «Agradezco profundamente el placer que me trae el saborear el helado en un día caluroso. Me hace sentir refrescado, feliz y en el momento presente».

Ahora, puedes preguntarte:

• ¿Cuáles son las cinco cosas que te comprometes a valorar mejor a partir de ahora? Escríbelo en un papel y trata de cumplirlo en los próximos 10 días.

SABOREA

Con esto me refiero a que aproveches y «saborees» los momentos de tu vida. Cada uno de nosotros puede sentir de muchas maneras imaginables y todo dependerá de nuestra forma de ser.

Tu forma de ser depende de la relación que tengas con tu pasado, tu presente y tu futuro.

¿QUÉ OCURRE CON EL PASADO?

Si eres de los que te gusta recordar experiencias del pasado, puedes hacerlo rememorando recuerdos para revivir los placeres pretéritos.

EJERCICIO: EL ÁLBUM DE RECUERDOS

Esta actividad te brinda una manera tangible de saborear y revivir las experiencias pasadas. A través de la selección y organización de los elementos, así como de su exhibición, estarás creando una conexión visual y emocional con tus recuerdos, permitiéndote apreciar y disfrutar nuevamente de las experiencias positivas que viviste en el pasado.

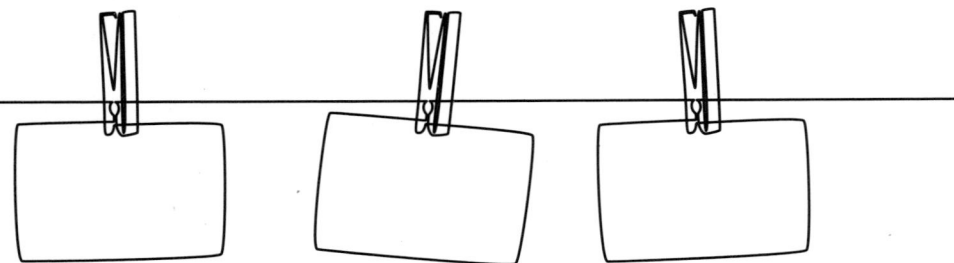

Anímate a crear un álbum de recuerdos o un *collage* de momentos especiales:

▶ **1. Selección**
Reúne fotografías impresas, entradas, notas o cualquier otro objeto relacionado con experiencias pasadas significativas. Pueden ser eventos, viajes, momentos especiales con seres queridos, logros personales, entre otros.

▶ **2. Colección**
Ten a mano un álbum de fotos o un tablero grande donde puedas pegar y organizar todos los elementos que has recolectado. Si prefieres una versión digital, puedes crear un *collage* en tu ordenador.

▶ **3. Organización**
Organiza los elementos de manera cronológica o temática, según tu preferencia. Esto te ayudará a revivir las experiencias en el orden en que ocurrieron o a agruparlas por categorías significativas.

▶ **4. Orden**
A medida que vayas colocando los objetos en el álbum o *collage,* tómate un momento para recordar cada experiencia. Permite que las emociones y los recuerdos fluyan a medida que conectas con los momentos vividos.

▶ **5. Mensajes**
Añade etiquetas o anotaciones breves debajo de cada elemento para capturar detalles clave o emociones asociadas con cada experiencia.

▶ **6. Visualización**
Coloca el álbum o el *collage* en un lugar visible en tu casa. De esta manera, podrás disfrutar y recordar las experiencias pasadas con solo mirarlos.

En este punto, es importante que tengas en cuenta que vivir aferrado al pasado puede tener efectos perjudiciales. Aunque el pasado te brinde información valiosa, no puede determinar tu presente y tu futuro. Mantener tu mente anclada en eventos pasados te llevará a revivir una y otra vez lo que ya sucedió, lo cual puede generar emociones y sensaciones negativas como la melancolía, la frustración, la culpa, la tristeza o el resentimiento, e incluso puede conducir a la depresión. Todas estas emociones comparten el hecho de impedirnos disfrutar plenamente del presente. Al quedarnos estancados en el pasado, nos limitamos en nuestra capacidad para avanzar en la vida.

¿Quieres saber si vives anclado en el pasado?

AUTOEVALUACIÓN: VIVO AFERRADO AL PASADO

Responde a las siguientes afirmaciones con sinceridad, asignando una puntuación del 1 al 5 según la frecuencia con la que experimentas cada situación. Siendo:

- **1.** Nunca.
- **2.** Raramente.
- **3.** A veces.
- **4.** Con frecuencia.
- **5.** Siempre.

Al final del test, suma tus puntos para obtener tu puntuación total.

Revivo con frecuencia eventos negativos del pasado.	1	2	3	4	5
Siento resentimiento o rencor hacia personas que me han lastimado en el pasado.	1	2	3	4	5
Me cuesta dejar ir situaciones pasadas y seguir adelante.	1	2	3	4	5
Me preocupo constantemente por errores o fracasos pasados.	1	2	3	4	5
Comparo con frecuencia mi presente con situaciones vividas en el pasado.	1	2	3	4	5

Puntuación total:

Suma las puntuaciones de cada afirmación para obtener tu puntuación total. La puntuación máxima posible es 25.

Interpretación:

- **5-10 puntos.** Tiendes a vivir en el presente y dejar ir el pasado.
- **11-15 puntos.** A veces te encuentras aferrado al pasado, pero también eres capaz de vivir en el presente.
- **16-20 puntos.** Tienes dificultades para soltar el pasado y te afecta en tu vida diaria.
- **21-25 puntos.** Estás fuertemente aferrado al pasado y puede estar impactando negativamente en tu bienestar emocional.

EL SECUESTRO AMIGDALAR

En esta línea, es conveniente saber que si los recuerdos del pasado son traumáticos o negativos pueden desencadenar el llamado **secuestro amigdalar.** La amígdala, como parte del sistema de respuesta al miedo, almacena y recuerda experiencias emocionales intensas, especialmente aquellas relacionadas con situaciones de peligro o amenaza. Imagina que hace algunos años experimentaste un evento traumático. Durante aquel incidente, sufriste lesiones graves y viviste momentos de miedo y desesperación. Aunque físicamente te has recuperado desde entonces, los recuerdos del evento siguen presentes en tu mente, almacenados en tu amígdala.

Un día, mientras conduces por una carretera tranquila, de repente escuchas un fuerte chirrido de neumáticos y el sonido metálico de un choque cercano. En ese momento, tu amígdala se activa rápidamente y experimentas un secuestro amigdalar. Sientes una oleada de pánico y ansiedad que te sobrepasa por completo, como si estuvieras reviviendo el evento traumático en tiempo real. Aunque sabes que no hay un peligro real presente, tu cuerpo y mente reaccionan como si estuvieras nuevamente en la escena del incidente.

Cada persona puede desencadenar el secuestro amigdalar de manera diferente, basándose en sus experiencias personales. Un recuerdo traumático como el del ejemplo puede ser uno de los desencadenantes, pero también pueden existir otros factores, como ciertos lugares, personas o palabras asociadas con eventos negativos pasados.

EJERCICIO: TÉCNICAS FRENTE AL SECUESTRO AMIGDALAR

Enfrentar los secuestros amigdalares puede llevar tiempo y paciencia. Cada persona es única y tiene diferentes estrategias que funcionan mejor para ella.

Experimenta con diferentes enfoques y encuentra las técnicas que mejor se adapten a ti. Siempre es recomendable contar con el apoyo de profesionales de la salud mental en este proceso.

▶1. Reconoce los síntomas

Familiarízate con los signos y síntomas del secuestro amigdalar, como el aumento de la ansiedad, la aceleración del ritmo cardíaco, la respiración agitada y la sensación de miedo intenso. Ser consciente de estos síntomas te ayudará a identificar cuándo estás experimentando un secuestro amigdalar.

▶2. Toma conciencia del desencadenante

Intenta identificar qué desencadena tus secuestros amigdalares. Puede ser un sonido, un olor, una imagen o cualquier otro estímulo que esté relacionado con el evento traumático pasado. Al conocer tus desencadenantes, estarás más preparado para manejarlos.

▶3. Practica la autocompasión

Recuerda que los secuestros amigdalares son respuestas automáticas de tu cerebro basadas en experiencias pasadas. No te juzgues por tener estas reacciones intensas ante determinadas circunstancias. En su lugar, practica la autocompasión y recuerda que estás haciendo lo mejor que puedes para enfrentar estas situaciones desafiantes.

▶4. Utiliza técnicas de regulación emocional

Aprende y practica técnicas de regulación emocional que te ayuden a calmarte durante un secuestro amigdalar. Puedes probar la respiración profunda, la relajación muscular progresiva, la visualización o la meditación, que veremos más adelante. Estas técnicas te ayudarán a reducir la respuesta emocional y a recuperar el control.

▶5. Busca apoyo profesional

Considera buscar la ayuda de un terapeuta o consejero especializado en trauma y regulación emocional.

▶6. Practica la exposición gradual

Si te sientes preparado, puedes trabajar gradualmente en exponerte a los desencadenantes que activan los secuestros amigdalares. Esto se conoce como exposición gradual y puede ayudarte a reducir el impacto emocional de los estímulos traumáticos con el tiempo. Trabaja esto siempre con ayuda profesional, no lo hagas solo.

▶7. Cultiva la resiliencia

Trabaja en el fortalecimiento de tu resiliencia emocional a través de actividades que promuevan tu bienestar, como el ejercicio regular, la alimentación saludable, el sueño adecuado y el cuidado de tu mente y cuerpo. Cuanto más equilibrado y saludable estés en general, mejor podrás enfrentar los secuestros amigdalares.

¿QUÉ OCURRE CON EL FUTURO?

Por otro lado, si eres de los que miras al **futuro**, te recomiendo que disfrutes planificando las actividades o los momentos «que pasarán».

EJERCICIO: TU DÍA PERFECTO

Este ejercicio se divide en tres partes:

La **primera parte** de esta actividad consiste en imaginar cómo quieres que sea tu día, en todas las áreas. Visualízalo y responde las siguientes preguntas con sinceridad:

- ¿Con quién quieres pasar tiempo durante ese día?
- ¿En qué proyectos estas trabajando o qué estás haciendo?
- ¿Con quién estás trabajando?
- ¿Cómo te quieres sentir todos los días?
- ¿Dónde estás viviendo?
- ¿Con quién estás viviendo?
- ¿A quién estás ayudando?
- ¿Qué estás creando para ti y para otros?
- ¿Dónde va a ser tu próximo viaje?

En la **segunda parte** de este ejercicio te pido que describas tu día perfecto con tus propias palabras. Si hay alguna de las respuestas de la primera parte que no la sientes profundamente, no la incluyas, pero describe tu día perfecto y añade el mayor número posible de detalles.

Por ejemplo, mi día perfecto sería así:

«En un día perfecto en mi vida, me levanto por la mañana y me siento lleno de gratitud y energía positiva. Comienzo el día compartiendo un desayuno delicioso con mi familia, riendo y disfrutando de su compañía.

Después, me sumerjo en mi trabajo. Estoy trabajando en un proyecto creativo en el que puedo utilizar mis habilidades y talentos al máximo. Me siento motivado mientras colaboro con mi equipo. Juntos, superamos desafíos y logramos avances significativos.

Durante el día, encuentro momentos para conectarme con mis seres queridos y amigos cercanos. Nos reunimos para almorzar, compartimos risas. Cuando acabo mi trabajo, puedo hacer deporte.

Al final del día, me retiro a mi hogar, un lugar tranquilo y acogedor donde encuentro paz y serenidad. Vivo en un entorno que refleja mis valores y me brinda comodidad. Puedo relajarme, disfrutar de momentos de soledad y recargar energías para el día siguiente».

Después de ver el ejemplo, te animo a que lo hagas tú.

En la **tercera parte** del ejercicio, te pido que escribas detalladamente tu día. Este es un ejemplo:

```
7:00 h - Despertarse y meditar.
8:00 h - Desayunar con la familia.
10:00 h - Llegar al espacio de trabajo.
14:00 h - Comer algo sano.
14:45 h - Respirar durante 15 minutos.
15:00 h - Continuar con el trabajo.
17:30 h - Hacer deporte.
18:45 h - Pasar tiempo con mis hijos.
20:30 h - Cenar en familia.
21:15 h - Relajarme, tiempo libre.
22:30 h - Repasar el día.
23:00 h - Dormir.
```

LA ANSIEDAD ANTICIPATORIA

También debes tener cuidado de estar pensando siempre en el futuro. Tus pensamientos se pueden ver constantemente acosados por situaciones que quizás nunca ocurran: «¿y si no apruebo este examen?», «¿y si me despiden del trabajo?», «¿y si no llego a la hora?». Sin embargo, solo podemos actuar, sentir y responder en el presente. Debemos responsabilizarnos de nuestras acciones en este momento, de nuestra capacidad para proceder en el hoy y el ahora.

AUTOEVALUACIÓN: ANSIEDAD ANTICIPATORIA

Responde a las siguientes afirmaciones con sinceridad, asignando una puntuación del 1 al 5 según la frecuencia con la que experimentas cada situación. De este modo:

1. Nunca.
2. Raramente.
3. A veces.
4. Con frecuencia.
5. Siempre.

Me encuentro constantemente preocupado por eventos futuros.	1	2	3	4	5
Me resulta difícil disfrutar del presente porque mi mente está ocupada pensando en el futuro.	1	2	3	4	5
Antes de eventos importantes, me siento nervioso y tengo dificultades para relajarme.	1	2	3	4	5
Constantemente imagino escenarios negativos o catástrofes futuras.	1	2	3	4	5
Me siento agobiado por la incertidumbre del futuro.	1	2	3	4	5

Puntuación total:

Suma las puntuaciones de cada afirmación para obtener tu puntuación total. La puntuación máxima posible es 25.

Interpretación:

- **5-10 puntos.** Tienes una preocupación moderada por el futuro, pero en general puedes disfrutar del presente.
- **11-15 puntos.** A veces te encuentras atrapado en pensamientos ansiosos sobre el futuro, lo que puede afectar a tu bienestar emocional.
- **16-20 puntos.** Experimentas una ansiedad anticipatoria significativa y te cuesta disfrutar del presente debido a la preocupación constante por el futuro.
- **21-25 puntos.** Tu ansiedad anticipatoria es alta y puede estar afectando negativamente a varios aspectos de tu vida.

LA INCERTIDUMBRE

Ojo también con **la incertidumbre.** Estar desconcertado es una experiencia que todos enfrentamos en diferentes momentos de nuestras vidas. Se refiere a la falta de certeza o predictibilidad sobre el futuro, donde no sabemos qué sucederá o cómo se desarrollarán los eventos. Esta falta de claridad puede generar una serie de emociones y respuestas emocionales en nosotros. Cuando nos encontramos en situaciones de incertidumbre, es común sentir ansiedad, miedo, preocupación e incluso frustración. Nuestras emociones están estrechamente ligadas al deseo de tener control y certeza en nuestras vidas. Cuando ese sentido de control se ve amenazado por la incertidumbre, nuestras emociones se activan como una forma de respuesta.

Siempre ha existido, es una parte natural de la vida y que se da porque no siempre podemos tener respuestas claras. Por ejemplo, imagina que estás esperando los resultados de un examen importante. Durante los días de espera, puedes sentir una mezcla de emociones, como ansiedad y nerviosismo. Estas emociones son el resultado de la incertidumbre sobre si aprobarás o no.

Otro ejemplo, en este caso desde el punto de vista sentimental, ocurre cuando estás en una etapa temprana de una relación y no tienes certeza acerca de los sentimientos de la otra persona. Es posible que te sientas inseguro, confundido o incluso temeroso de ser rechazado. La falta de certeza sobre el futuro de la relación genera emociones que pueden afectar a tu bienestar emocional.

¿Piensas que tienes más incertidumbre que antes? Es normal, desde que se dio el brote de la COVID-19, la incertidumbre se ha «desatado» en todo el mundo. Las circunstancias cambiantes, la falta de información clara y la imprevisibilidad de la situación han impactado en nuestras vidas de manera significativa y han desencadenado una amplia gama de emociones en muchas personas.

EJERCICIO: CONTROLA TU INCERTIDUMBRE
Experimenta con estas sugerencias que te indico y descubre cuáles son las que mejor te ayudan a manejar tu incertidumbre.

►1. Enfócate en lo que puedes controlar
En lugar de centrarte en lo que no puedes controlar, dirige tu atención hacia aquellas cosas que sí están a tu alcance. Identifica acciones concretas que puedas tomar para cuidar de ti mismo y adaptarte a la situación.

►2. Limita la exposición a fuentes de información negativas
Estar constantemente expuesto a noticias negativas puede aumentar la ansiedad y la incertidumbre. Establece límites en cuanto a la cantidad de noticias que consumes y asegúrate de obtener información de fuentes confiables.

►3. Practica el autocuidado
Cuidar de ti mismo es fundamental para mantener tu bienestar emocional en tiempos de incertidumbre. Prioriza actividades que te brinden calma y alegría,

como practicar ejercicio regularmente, dedicar tiempo a tus pasatiempos favoritos, compartir momentos con las personas a las que quieres, descansar lo suficiente y mantener una alimentación equilibrada.

▶ **4. Busca apoyo social**
Compartir tus preocupaciones y emociones con personas de confianza puede aliviar el peso de la incertidumbre. Mantén el contacto con amigos y familiares, o considera buscar ayuda profesional si lo necesitas.

▶ **5. Enfócate en el aprendizaje y el crecimiento personal**
La incertidumbre también puede ser una oportunidad para aprender y crecer. Reflexiona sobre las lecciones que puedes extraer de la situación actual y encuentra formas de fortalecer tu resiliencia emocional.

▶ **6. Establece metas y crea estructura**
Tener metas claras y una estructura en tu vida diaria puede darte un sentido de propósito y dirección, incluso en tiempos de incertidumbre. Establece metas realistas y divide tus actividades en pasos más pequeños y manejables.

¿QUÉ OCURRE EN EL PRESENTE?

El **presente** es la mejor manera de «saborear» todo lo que te pasa. ¿Cómo?, manteniendo la atención plena, bien focalizada.

La conciencia plena implica estar presente de manera intencional y sin juzgar en cada momento, permitiéndonos observar y aceptar nuestras emociones tal como son, sin tratar de suprimirlas o evitarlas.

EJERCICIO: ATENCIÓN PLENA EN TUS ACTIVIDADES DIARIAS

Se trata de que elijas algunas de tus actividades diarias para procurar entrenar la atención plena en esos momentos: centrarte en tus sensaciones físicas, en todos tus sentidos, movimientos, etc.

No te preocupes si te distraes y desconectas, si esto pasa simplemente vuelve a «conectar» tu atención en el momento presente y lo que estás haciendo. Puedes realizar este ejercicio, por ejemplo:

- Mientras te duchas.
- Cuando desayunas.
- Al lavarte los dientes.
- Cuando paseas y haces un trayecto a pie.
- Al escuchar música.

Por lo tanto, para encontrar **el equilibrio emocional,** es fundamental vivir de manera saludable en el presente, habiendo sanado las heridas del pasado y abrazando el futuro con entusiasmo. Aquellos que se aferran al pasado suelen experimentar depresión, neurosis y resentimiento, mientras que los que se preocupan en exceso por el futuro suelen experimentar ansiedad.

TUS CREENCIAS SON IMPORTANTES

Tus creencias influyen en la forma en que interpretas y respondes a los eventos y situaciones que te rodean. Son como filtros a través de los cuales percibes el mundo y a ti mismo.

Si tienes creencias positivas y saludables, es más probable que experimentes emociones positivas y constructivas en el presente. Por ejemplo, si crees en tu capacidad para enfrentar desafíos y superar obstáculos, es más probable que te sientas motivado y seguro al abordar situaciones difíciles, en lugar de sentirte abrumado o derrotado.

Por otro lado, si tus creencias son negativas o limitantes, es probable que experimentes emociones negativas o destructivas. Por ejemplo, si crees que no eres lo suficientemente bueno o que siempre fracasas, es más probable que te sientas ansioso, triste o desesperanzado en diferentes situaciones.

Tus principios también influyen en cómo interpretas y das significado a las situaciones. Si tienes creencias optimistas, es más probable que encuentres aspectos positivos incluso en situaciones desafiantes, lo que te permitirá experimentar emociones como la esperanza y la gratitud. Por ejemplo, si estás buscando trabajo y has enviado varias solicitudes y tú crees que «cada rechazo es una oportunidad para crecer y acercarte a la oportunidad adecuada», cuando recibas una respuesta negativa, en lugar de desanimarte, puedes mantener esta creencia optimista en mente. Te puedes decir a ti mismo que cada rechazo te acerca más a la oportunidad adecuada y te brinda la oportunidad de aprender y mejorar tus habilidades en el proceso.

Por el contrario, si tus principios son pesimistas, es más probable que te centres en lo negativo. Por ejemplo, tienes que realizar una presentación importante en el trabajo, y crees que «siempre cometo errores» o «nunca soy lo suficientemente bueno». A medida que te preparas para la presentación, tu mente seguramente se va a enfocar en estos principios negativos.

Durante la presentación, cometes un pequeño error insignificante. Sin embargo, debido a tu creencia pesimista, magnificas ese error y lo interpretas como una confirmación de tus principios negativos. Tu enfoque se centra en el error, sintiéndote inseguro y desanimado.

Pero, ten en cuenta que las creencias son flexibles y pueden ser modificadas a lo largo del tiempo. Al desarrollar creencias más realistas, positivas y saludables, podrás mejorar la capacidad para experimentar emociones de una manera más equilibrada y satisfactoria. Por lo tanto, te animo a que trabajes sobre ellas.

TEST: ¿TIENES CREENCIAS LIMITANTES?
Lo primero será identificar si tienes creencias negativas o limitantes. Para ello, te invito a responder honestamente a las siguientes afirmaciones, indicando si estás de acuerdo o en desacuerdo:

►**1.** Creo que no soy lo suficientemente bueno en algunas áreas de mi vida.

►**2.** Siento que siempre hay alguien mejor que yo en lo que hago.

►**3.** Me preocupo constantemente por si cometo errores o fracaso.

►**4.** Evito asumir nuevos desafíos por miedo al fracaso.

►**5.** Me cuesta aceptar cumplidos o elogios de los demás.

►**6.** Siento que no tengo el control sobre mi vida y que las cosas me suceden sin poder hacer nada al respecto.

►**7.** Creo que las oportunidades son escasas y que nunca seré capaz de alcanzar el éxito que deseo.

►**8.** Me comparo frecuentemente con los demás y me siento inferior.

►**9.** Suelo poner excusas para no intentar cosas nuevas.

►**10.** Creo que no merezco la felicidad o el éxito.

Una vez que hayas respondido a las afirmaciones, asigna puntos así:

• De acuerdo: 1 punto.
• En desacuerdo: 0 puntos.

Ahora, suma tus puntos totales y consulta el resultado:

• **0 a 3 puntos.** Tienes creencias limitantes mínimas. Es posible que tengas una mentalidad más abierta y positiva, lo que te permite enfrentar desafíos con confianza y optimismo.

- **4 a 7 puntos.** Tienes algunas creencias limitantes que te están impidiendo avanzar como deseas. Es importante tomar conciencia de estas creencias y trabajar en cambiarlas para potenciar tu crecimiento.

- **8 a 10 puntos.** Tienes creencias limitantes significativas. Es fundamental abordar estas creencias y buscar apoyo para superarlas y desarrollar una mentalidad más positiva y fortalecedora.

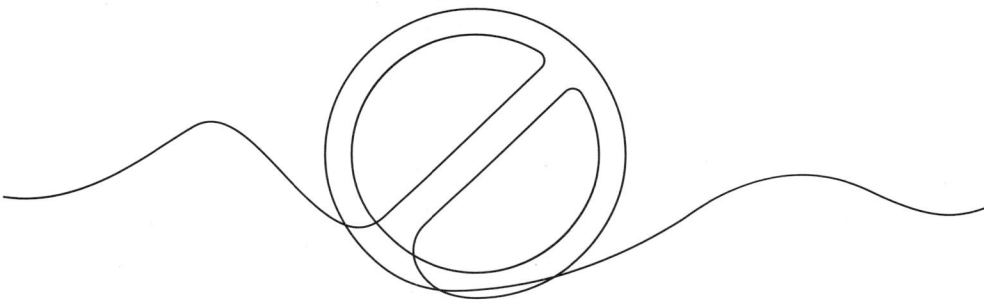

EJERCICIO: MODIFICA TUS CREENCIAS LIMITANTES

Ahora, vamos a trabajar para modificar esas creencias limitantes, si es que las tienes.

▶1. Identifica una creencia limitante

Piensa en una creencia que tengas sobre ti mismo que te limite o te impida alcanzar tus metas.

Por ejemplo. «No soy lo suficientemente bueno para tener éxito en mi carrera profesional».

▶2. Cuestiona la creencia

Examina críticamente la creencia y pregúntate si realmente es cierta y si está respaldada por evidencias sólidas. Pregúntate también cómo te ha afectado tener esta creencia en tu vida.

Por ejemplo. Me pregunto: «¿existen pruebas sólidas de que no soy lo suficientemente bueno?, ¿cómo me ha afectado esta creencia en el pasado?».

▶3. Encuentra evidencias contrarias

Busca evidencias o ejemplos en tu vida que contradigan esa creencia limitante. Identifica momentos en los que hayas desafiado esa creencia y hayas logrado resultados positivos.

▶ **4. Genera creencias alternativas**

Crea afirmaciones o creencias alternativas que sean más realistas.

Por ejemplo: si la creencia limitante es «no soy lo suficientemente inteligente», se puede reemplazar con «tengo la capacidad de aprender y crecer en cualquier área que me proponga».

▶ **5. Refuerza las nuevas creencias**

Repite y refuerza las nuevas creencias positivas a diario. Puedes hacerlo mediante afirmaciones, visualizaciones o escribiendo tus nuevas creencias en un lugar visible.

Por ejemplo. Me repito la frase: «soy capaz y valioso en mi trabajo. Tengo habilidades únicas y puedo lograr grandes cosas».

▶ **6. Pasa a la acción**

Actúa de acuerdo con tus nuevas creencias. Enfrenta los desafíos y miedos que surjan, recordando que tienes el potencial y la capacidad suficientes para superarlos.

LA ACTITUD ES CLAVE EN TUS EMOCIONES

Tu actitud frente a la vida puede influir en la forma en que ves y experimentas el mundo. Piensa en dos personas, Laura y Javier. Ambos son candidatos para un trabajo en una empresa muy importante. Los dos son convocados para una entrevista final con la persona que va a contratarlos.

Laura, una persona optimista, llega a la entrevista con una mentalidad positiva y confianza en sus habilidades. Ve la oportunidad como una puerta abierta hacia un nuevo camino en su carrera profesional. A medida que responde a las preguntas del entrevistador, se siente emocionada y llena de energía. Sus pensamientos se centran en lo que puede aportar a la empresa y en cómo encajaría en el equipo. Aunque siente cierta tensión y nerviosismo, utiliza esos sentimientos como combustible para dar lo mejor de sí misma. Incluso si no obtiene el trabajo, se enorgullece de su esfuerzo y ve la experiencia como una oportunidad de aprendizaje y crecimiento.

Por otro lado, Javier, un individuo pesimista, llega a la entrevista con miedo y dudas. Está convencido de que hay muchos candidatos más cualificados que él y se siente inseguro de sus propias habilidades. A medida que avanza la entrevista, sus pensamientos se centran en sus debilidades y en lo que podría salir mal. Su actitud negativa le impide expresarse plenamente y transmitir su potencial al entrevistador. Cuando sale de la entrevista, se siente derrotado y desanimado, pensando que no tiene posibilidades de ser contratado.

En esta situación, ambos candidatos se enfrentan al mismo reto, la entrevista de trabajo, pero sus actitudes y perspectivas marcan una gran diferencia en sus emociones y reacciones. Laura experimenta entusiasmo y motivación, mientras que Javier se siente inseguro y derrotado. Es importante destacar que, en este caso, la actitud positiva de Laura no garantiza necesariamente que obtenga el trabajo, pero le permite disfrutar del proceso y sentirse más capacitada para enfrentar cualquier resultado.

Esta anécdota ilustra cómo nuestras actitudes y perspectivas pueden influir en nuestras emociones y en cómo experimentamos una situación. Nuestra forma de interpretar los eventos y cómo nos hablamos a nosotros mismos tiene un impacto significativo en nuestro estado emocional y en cómo enfrentamos los desafíos.

¿Tú eres optimista como Laura, o pesimista como Javier?

JUEGO: ¿ERES OPTIMISTA O PESIMISTA?

Evalúa tu tendencia al optimismo o al pesimismo en las siguientes situaciones. Este ejercicio es solo un indicador y no define por completo tu disposición hacia el optimismo o el pesimismo. La idea es reflexionar sobre tus tendencias y, si es necesario, buscar formas de equilibrar tus pensamientos para fomentar una actitud más positiva y constructiva.

- Imagina que te despiertas a las 3 de la mañana porque recibes una llamada telefónica. Reflexiona sobre cómo interpretas esta situación y qué tipo de noticias crees que te darán.

    Ejemplo. Si fueras optimista crees que la llamada a las 3 de la mañana podría ser por una razón positiva, como una buena noticia, un amigo o un familiar que necesita ayuda o alguien que quiere expresarte su aprecio. En cambio, si eres pesimista interpretas la llamada como algo negativo, como una emergencia, una mala noticia o un problema que requiere tu atención inmediata.

- Sales a hacer ejercicio y comienza a llover.

    Ejemplo. Si eres optimista, ves la lluvia como una oportunidad refrescante para disfrutar de una experiencia diferente y única, mientras que si eres pesimista, te frustras por la lluvia , empiezas a desanimerte y piensas que arruinará tu rutina de ejercicio.

- Organizas una reunión con amigos y algunos te llaman para cancelar en el último momento.

    Ejemplo. Si eres optimista, aceptas que los imprevistos pueden ocurrir y ves la oportunidad de disfrutar de una reunión más íntima con los amigos que sí pueden asistir. Siendo pesimista, te sentirás decepcionado y pensarás que tus amigos no valoran lo suficiente el tiempo y el esfuerzo que has empleado en organizar la reunión.

- Estás atrapado en un atasco de tráfico y llegas tarde a una cita importante.

    Ejemplo. Si eres optimista, utilizas ese tiempo extra en el auto para relajarte, escuchar música o aprender algo nuevo. Si eres pesimista, te sientes frustrado y te dices a ti mismo que todo saldrá mal debido a tu tardanza.

- Recibes un correo urgente de tu jefe solicitando una reunión urgente en su despacho.

    Ejemplo. Si eres optimista, piensas que tu jefe quiere discutir ideas sobre un nuevo proyecto. En cambio, si eres pesimista, piensas que has cometido un grave error y te van a despedir.

Si tienes una actitud **optimista,** serás más propenso a centrarte en los aspectos positivos de las cosas. Te sentirás más motivado, verás los desafíos como oportunidades de crecimiento y tendrás una mayor confianza en tus habilidades para enfrentar los problemas. Además, el optimismo tiende a generar emociones positivas como la alegría, la esperanza y la gratitud.

Por otro lado, cuando adoptas una actitud **pesimista,** tenderás a enfocarte en los aspectos negativos de una situación. Esto te puede llevar a ver obstáculos en lugar de oportunidades, a anticipar lo peor y a sentirte desanimado. El pesimismo puede llevar a experimentar emociones negativas como la tristeza, la ansiedad y la frustración.

Cultivar una actitud optimista implica centrarse en las cosas buenas de la vida, y será muy beneficioso para tu bienestar emocional.

EJERCICIO: CONECTA CON TU POSITIVIDAD

El propósito de esta actividad es fomentar tu positividad. Para llevarla a cabo, te sugiero que tengas en cuenta estos dos aspectos:

▶ **1. Entornos**

Encuentra un momento tranquilo, una vez al día, en el que puedas reflexionar, pensar y, si lo deseas, escribir en un papel una o varias situaciones negativas que hayan ocurrido en tu vida cotidiana, ya sea en el trabajo, con amigos, en tus relaciones sociales, con tu pareja, etc.

▶ **2. Dinámica positiva**

Busca el aspecto positivo de esas situaciones.

¿Por qué hacer esto? Porque ser capaces de abordar una situación negativa desde una perspectiva y punto de vista diferentes a los habituales, y dedicar tiempo para analizarla, puede ayudarte a fortalecer la confianza en ti mismo y cultivar una actitud más positiva.

Sin embargo, es importante tener en cuenta que ser optimista no significa negar los desafíos o dificultades que encontramos. Es natural experimentar emociones negativas en ciertas circunstancias. El optimismo se trata de mantener una mentalidad positiva en general y de buscar soluciones constructivas en lugar de quedarte estancado en pensamientos negativos.

Dicho esto, no caigas en la **positividad tóxica.** Esta es una forma distorsionada y desequilibrada de la positividad. Cada vez está más extendida debido a las redes sociales.

Por ejemplo, muchas personas suelen mostrar solo los aspectos positivos de sus vidas, como viajes, logros y momentos felices, creando una imagen distorsionada de la realidad. Se siente la necesidad de fingir una felicidad constante y se evita mostrar vulnerabilidad, creando una brecha entre la imagen que se presenta públicamente y la realidad personal. Esto genera una presión para que todos sigamos ese patrón y solo mostremos lo positivo, incluso si no refleja la verdad.

Además, al ver las publicaciones positivas de los demás, es común encontrar personas que se sienten insatisfechas con su propia vida y experimentan emociones negativas como la envidia o la sensación de no estar a la altura.

EJERCICIO: REFLEXIONA SOBRE LO QUE PUBLICAS EN REDES

Te presento una actividad para que reflexiones sobre si te mueve la positividad tóxica al publicar en redes sociales. Para ello, sigue estas indicaciones:

▶ 1. Listado

Haz una lista de las últimas publicaciones que has realizado en tus redes sociales. Incluye tanto las imágenes como los mensajes que compartiste.

▶ 2. Observación

Observa cada publicación y pregúntate a ti mismo:

- ¿Cuál era mi intención al realizar esta publicación? ¿Buscaba generar envidia, destacar o mostrar una imagen perfecta?
- ¿La publicación refleja realmente mi vida tal como es o representa una versión idealizada?
- ¿Qué emociones o reacciones esperaba obtener de los demás al ver esta publicación?
- ¿Cómo me sentí antes, durante y después de hacer esta publicación?
- ¿Consideré cómo podría afectar a otras personas?

▶ 3. Reflexión

Reflexiona sobre las respuestas que obtuviste:

- ¿Identificas algún patrón en tus publicaciones?
- ¿Notas tendencias hacia la positividad tóxica, como mostrar solo los aspectos positivos, ocultar las dificultades o buscar validación a través de las redes sociales?

▶ 4. Análisis

Analiza cómo te sientes cuando ves las publicaciones de los demás en redes sociales:

- ¿Te comparas con ellos y experimentas emociones negativas?
- ¿Sientes la necesidad de competir o mantener una imagen perfecta debido a lo que ves en los perfiles de los demás?

▶ **5. Retrospección**

Considera si las publicaciones en redes sociales están afectando a tu bienestar emocional:

- ¿Te sientes presionado a mantener una imagen positiva constante?
- ¿Te has sentido inseguro o insatisfecho con tu propia vida debido a las publicaciones de los demás?

▶ **6. Cambio**

Piensa en cómo podrías cambiar tu enfoque al utilizar las redes sociales:

- ¿Podrías compartir de manera más auténtica y equilibrada, mostrando tanto los momentos positivos como los desafíos de la vida?
- ¿Podrías priorizar tu bienestar emocional en lugar de buscar validación externa?

Recuerda que la clave está en ser consciente de tus motivaciones al publicar en redes sociales y buscar un equilibrio saludable. No se trata de eliminar por completo las publicaciones positivas, sino de asegurarte de que tu uso de las redes sociales no se base en la positividad tóxica, sino en la autenticidad y en tu bienestar emocional.

LA MÚSICA AFECTA A TUS EMOCIONES

El tipo de música que escuchas puede influir en tus emociones y estado de ánimo. La música tiene el poder de evocar sentimientos, despertar recuerdos y crear una conexión emocional con las letras, melodías y ritmos.

Seguro que conoces la canción de Pharrell Williams llamada *Happy*. Es una canción llena de energía positiva que invita a moverse y disfrutar el momento. Su ritmo alegre, acompañado de una combinación de instrumentos como la guitarra, el bajo y la batería, crea una atmósfera festiva y animada.

La letra de esta canción transmite un mensaje de felicidad y gratitud, enfatizando la importancia de encontrar la alegría en las pequeñas cosas de la vida. Frases como *«Because I'm happy / Clap along if you feel like a room without a roof»*, nos animan a unirnos y celebrar con otros, ¿no crees?

En cambio, otra canción muy famosa compuesta por Leonard Cohen llamada *Hallelujah* e interpretada por numerosos artistas, nos evoca todo lo contrario. La letra de esta canción explora temas como el amor, la decepción y la lucha interna. Cada verso se sumerge en una complejidad emocional que conecta con los aspectos más profundos de la experiencia humana. Evoca la tristeza y la añoranza.

¿Por qué no vas un paso más allá y utilizas el poder de la música para experimentar con tus emociones?

EJERCICIO: EXPERIMENTA CON DIFERENTES GÉNEROS DE MÚSICA

Prueba con diferentes estilos de música y descubre cómo puedes utilizarlos para trabajar con tus emociones. Ten en cuenta que cada persona puede tener respuestas emocionales únicas a la música, por lo que es importante estar abierto a tus propias experiencias y permitirte disfrutar de la variedad que la música puede ofrecerte. ¡Disfruta del viaje musical y descubre nuevas formas de conectarte con tus emociones!

▶ **1. Listado**
Crea una lista de reproducción con canciones de diferentes estilos musicales. Incluye géneros como pop, rock, jazz, música clásica, reggae, música electrónica o hip-hop, entre otros. Trata de seleccionar canciones que no hayas escuchado antes o que sean de géneros que no sueles explorar.

▶ **2. Reproducción**
Reproduce la primera canción de la lista y concéntrate en la música. Observa cómo te hace sentir y qué emociones despierta en ti. Presta atención a la melodía, la letra (si la tiene) y los instrumentos utilizados. Permítete sumergirte en la experiencia musical.

▶ **3. Escucha reflexiva**
Después de escuchar cada canción, reflexiona sobre las emociones que has experimentado. Pregúntate a ti mismo cómo te hizo sentir la música y qué pensamientos o imágenes vinieron a tu mente. Puedes anotar tus observaciones en un diario o simplemente reflexionar mentalmente.

▶ **4. Observación**
Continúa escuchando las diferentes canciones de la lista de reproducción, una por una. Observa cómo cada estilo musical evoca diferentes emociones

en ti. Algunos géneros pueden despertar alegría, energía y entusiasmo, mientras que otros pueden generar tranquilidad, melancolía o introspección.

► 5. Conclusión

Al finalizar la actividad, reflexiona sobre tus descubrimientos:

- ¿Hubo algún estilo musical que te sorprendió?
- ¿Cómo influyó en tus emociones?
- ¿Existen algunos géneros que te resulten más reconfortantes o estimulantes?

Utiliza esta información para crear tus propias listas de reproducción que se ajusten a tus necesidades emocionales en diferentes momentos.

Ahora, vamos a hacer otro experimento. Te mostraré cómo puede influir la música en la interpretación de una imagen determinada.

JUEGO: ¿CÓMO SE SIENTE ESTA CHICA?

El juego consiste en observar una imagen que muestra a una chica y luego escuchar diferentes canciones mientras se analiza la imagen. La música puede variar en términos de tono, ritmo o melodía.

En primer lugar, mira la imagen sin ninguna música de fondo. Intenta descubrir la emoción o estado de ánimo que percibes en la foto.

Luego, puedes reproducir de fondo diferentes fragmentos musicales. Intenta ajustar tu percepción emocional de la imagen según la música que estás escuchando en ese momento.

Por ejemplo, si escuchas una canción alegre y enérgica, lo más seguro es que percibas a la chica de la imagen como una persona feliz, sonriente o enérgica. Por otro lado, si se reproduce una canción triste y melancólica, es probable que percibas a la chica como alguien triste, pensativa o melancólica.

Este juego permite explorar cómo la música puede influir en nuestras emociones y en la interpretación de una imagen determinada. También puede ayudar a reflexionar sobre cómo las emociones que experimentamos están influenciadas por estímulos externos, como la música, y cómo estos estímulos pueden afectar a nuestra percepción del mundo que nos rodea.

LA POSTURA CORPORAL INFLUYE EN TUS EMOCIONES

Pensemos en dos compañeros de clase, Sofía y Diego, que van a hacer una presentación en público sobre un trabajo que han hecho para una asignatura. Ambos están igualmente preparados y confían en sus habilidades, pero su postura y su estado emocional van a tener un importante impacto en su desempeño y lo que ocurra a continuación.

Sofía se pone frente al público con una postura erguida, los hombros hacia atrás y una expresión facial relajada. Su lenguaje corporal transmite seguridad y confianza. Esta postura abierta y segura le permite respirar profundamente y sentirse tranquila. Sofía está emocionada y entusiasmada por compartir su proyecto con el público.

Por otro lado, Diego se enfrenta al público con una postura encorvada, los hombros caídos y una expresión facial tensa. Su lenguaje corporal transmite inseguridad y ansiedad. Su postura restrictiva limita su respiración y lo hace sentir nervioso. Parece que Diego se siente preocupado y temeroso de cometer errores durante la presentación.

A medida que van haciendo la presentación, Sofía mantiene su postura segura y abierta. Esto le permite comunicarse con claridad, transmitir confianza y captar la atención del público. Su postura refuerza su confianza en sí misma y contribuye a una presentación convincente y exitosa.

En cambio, Diego mantiene su postura encorvada mientras avanza la presentación. Se siente atrapado en un ciclo de ansiedad, y su postura restrictiva afecta a su fluidez y su capacidad para expresarse de manera efectiva. El público percibe su inseguridad y esto influye en su evaluación de la presentación.

Como resultado, Sofía recibe una respuesta positiva del público y es elogiada por su manera de presentar su trabajo. Por otro lado, Diego no tiene la misma suerte, ya que su postura y su estado emocional negativo han afectado a su desempeño y a la percepción del público sobre su presentación.

EJERCICIO: ¿CUÁL CREES QUE SERÍA TU POSTURA CORPORAL ANTE LA MISMA SITUA-CIÓN DE SOFÍA Y DIEGO?

Imagina que estás en la situación de Sofía y Diego, experimentando las mismas emociones y circunstancias que ellos. Ponerte en su lugar te ayudará a empatizar y comprender mejor la situación.

▶ **1. Visualización**

Visualízate a ti mismo en esa situación, adoptando la postura corporal que crees que tendrías en ese momento. Presta atención a cómo te sientes y cómo se refleja en tu postura: ¿estás erguido y seguro, o encorvado y tenso?

▶ **2. Cambio consciente**

Ahora, cambia conscientemente tu postura corporal a una que te haga sentir completamente diferente. Por ejemplo, si inicialmente te sentías triste y encorvado, intenta erguirte y mantener una postura más abierta y confiada.

▶ **3. Análisis**

Observa cómo cambian tus emociones y percepción de la situación al modificar tu postura. ¿Te sientes más seguro, optimista o entusiasmado? Reflexiona sobre cómo tu postura influye en tus estados emocionales.

▶ **4. Proyección**

A medida que te mantienes en esa nueva postura, imagina cómo te afectaría en tus decisiones y acciones. ¿Cómo abordarías la situación desde ese nuevo estado emocional? Piensa en cómo tus elecciones y comportamiento podrían ser diferentes.

▶ **5. Conclusión**

Concluye el ejercicio reflexionando sobre cómo puedes aplicar este conocimiento en tu vida diaria:

- ¿Puedes usar conscientemente tu postura corporal para influir en tus emociones y en cómo te enfrentas a las diferentes situaciones?

- ¿Qué cambios podrías hacer para adoptar posturas que te empoderen y te ayuden a vivir experiencias más positivas?

Como ya sabes, las posturas corporales pueden tener un impacto significativo en nuestras emociones y en nuestra disposición para enfrentar situaciones de riesgo.

Ahora te invito a hacer un experimento con tus amigos. Vamos a poder comprobar con ellos cómo la postura corporal puede tener un impacto significativo en las emociones y en la disposición para enfrentar situaciones de riesgo. ¡Juguemos!

JUEGO: LAS POSTURAS EMOCIONALES

Con este juego queremos demostrar cómo la postura corporal influye en las emociones y en las decisiones de los participantes. Para llevarlo a cabo necesitarás unos papeles donde estén escritas las palabras **tristeza** en unos, y **entusiasmo** en otros.

▶ **Paso 1**

Reúne a un grupo de amigos que quieran participar.

▶ **Paso 2**

Prepara papeles con las palabras «tristeza» y «entusiasmo» escritas. Colócalos boca abajo para que no sean visibles estas palabras.

▶ **Paso 3**

Cada participante deberá seleccionar aleatoriamente un papel y una postura: «tristeza» o «entusiasmo».

▶ **Paso 4**

Una vez que cada participante ha obtenido su postura asignada, deben adoptarla. Los que obtengan «tristeza» deberán adoptar una postura corporal durante unos minutos que represente tristeza, como encorvarse, bajar los hombros y tener una expresión facial apagada. Los que obtengan «entusiasmo» deberán adoptar una postura corporal que represente entusiasmo, como mantener el pecho abierto, la espalda recta y una sonrisa en el rostro.

▶ **Paso 5**

Después de que todos hayan adoptado sus posturas asignadas, se les presentará una situación de apuesta ficticia. Por ejemplo, se les puede decir que tienen la oportunidad de apostar una cantidad ficticia de dinero en un juego de par-impar tirando un dado.

▶ **Paso 6**

Cada participante deberá decidir si quiere hacer la apuesta o no, basándose en su postura asignada y las emociones asociadas con ella. Los que adoptaron la postura de «entusiasmo» pueden sentirse más inclinados a participar debido a su estado emocional positivo, mientras que los que adoptaron la postura de «tristeza» pueden sentirse menos motivados y menos propensos a participar.

▶ **Paso 7**

Comentad las decisiones de cada participante y discutid en grupo las diferentes motivaciones y emociones que surgieron a partir de las posturas asignadas.

LA EXPRESIÓN EMOCIONAL

*Tal vez la emoción se vuelve tan intensa que
el cuerpo no logra contenerla...*
PELÍCULA: *CITY OF ANGELS*

Expresar nuestras emociones es vital para nuestra salud emocional y bienestar general. Aceptar y reconocer nuestras emociones es el primer paso para lidiar con ellas de manera saludable. Al hacerlo, podemos liberar la tensión emocional acumulada y evitar que se conviertan en una carga constante. Si las reprimimos, es más probable que experimentemos consecuencias negativas como malestar físico, estrés, ansiedad, depresión u otros problemas de salud mental.

Imagina que durante una reunión de equipo en el trabajo, presentas una idea innovadora que has estado desarrollando durante semanas. Sin embargo, tu compañero de trabajo interrumpe y se atribuye la idea como suya, ignorando completamente tu contribución. Aunque te sientes enfadado y frustrado, decides reprimir tus sentimientos para evitar conflictos en ese momento. Como consecuencia, acumulas emociones negativas de rabia y frustración, lo que puede generar resentimiento hacia tu compañero y afectar a tu autoestima.

Después de la reunión, te encuentras con una sensación de tensión en el cuerpo, dolores de cabeza y un nudo en el estómago. Estos síntomas físicos son una manifestación del estrés y la ansiedad que has experimentado al reprimir tu rabia. El malestar físico puede afectar a tu bienestar general y a tu capacidad para concentrarte en otras tareas.

En una siguiente reunión, tu compañero vuelve a apropiarse de una de tus ideas y, esta vez, no puedes contener tu rabia acumulada. Te sientes abrumado por la frustración y la ira, y respondes de manera agresiva y defensiva frente a tu compañero y el resto del equipo. Tu reacción puede generar tensiones en el ambiente laboral y afectar negativamente a tu imagen profesional.

A medida que tu compañero continúa alcanzando prestigio por tus ideas, tu autoestima comienza a verse afectada. Empiezas a dudar de tu valía y a cuestionar tus habilidades. La represión constante de tu rabia y la falta de reconocimiento pueden minar tu confianza en ti mismo y tu motivación para contribuir en futuras reuniones.

Ya lo dice el refrán español: «quien mucho traga, al final se ahoga». Cuando no dices nada, silencias y bloqueas las emociones negativas, repercutiendo en tu salud física y psicológica. Cuando respondes de manera impulsiva, e incluso agresiva, en la siguiente reunión, rompes y dañas las relaciones sociales.

Nuestra sociedad nos incita a reprimir las emociones. Desde una edad temprana, se nos enseña a ocultar o minimizar nuestras emociones, especialmente aquellas que consideramos negativas, como la tristeza, el enfado o el miedo. Se nos dice que «ser fuertes» significa no mostrar vulnerabilidad emocional y que llorar o enfadarse es signo de debilidad.

Esta presión social nos lleva a reprimir nuestras emociones, guardándolas para nosotros mismos. En ocasiones, parece que resulta poco apropiado expresar lo que uno siente, sobre todo si tiene un componente emotivo.

Sin ir más lejos, si nos fijamos en una de canciones más famosas de Miguel Bosé en los noventa titulada *Los chicos no lloran,* tenemos un gran ejemplo para entenderlo. En esta canción se plantea esa represión emocional y cómo la sociedad influye en la forma en que los hombres nos permitimos expresar nuestros sentimientos. Este patrón cultural contribuye a la creación de una imagen estereotipada en la que los hombres podemos sentirnos presionados para ocultar nuestra vulnerabilidad y mantener una apariencia de fortaleza constante.

Por tanto, reprimir las emociones equivale a no aceptarlas. Se quedan enquistadas dentro de nosotros. Lo más normal es que se manifiesten de una u otra forma en otro momento de nuestra vida en la que seamos más vulnerables.

Para que esto no te ocurra, es importante que aprendas a gestionar adecuadamente tus emociones.

RECONOCE TUS EMOCIONES

El **primer paso** antes de expresar tus emociones es poder **reconocerlas y comprender** su origen y significado. Reconocerlas te otorga mayor control y una capacidad más consciente para decidir cómo expresarlas de manera saludable.

EJERCICIO: RECONOCE TUS EMOCIONES

Quiero ayudarte a reconocer tus emociones. Para ello, te pido que leas atentamente este pequeño cuento:

«Había una vez una niña llamada Valentina, que vivía en un pequeño pueblo rodeado de montañas. Valentina siempre había sido muy feliz y juguetona, pero un día, algo extraño sucedió. Sus emociones comenzaron a volverse confusas y difíciles de entender.

Una mañana, mientras caminaba por el bosque, Valentina encontró una caja misteriosa con una etiqueta que decía: "Las emociones perdidas". Curiosa, abrió la caja y dentro encontró una colección de pequeños cristales de colores brillantes.

Cada cristal representaba una emoción diferente: había uno rojo intenso para la ira, uno azul profundo para la tristeza, uno amarillo vibrante para la alegría, uno gris para el miedo y muchos más. Valentina se dio cuenta de que estas emociones habían estado dentro de ella todo el tiempo, solo que se habían vuelto difíciles de reconocer.

Decidida a entender y aceptar sus emociones, Valentina estaba dispuesta a realizar un viaje por las montañas para encontrar a la Sabia de las Emociones, una misteriosa anciana que vivía en la cima más alta. Se decía que ella tenía la sabiduría para ayudar a las personas a comprender y manejar sus emociones.

Tras una larga caminata, Valentina finalmente llegó al hogar de la Sabia de las Emociones. La anciana le dio la bienvenida con una sonrisa amable y le ofreció un asiento. Valentina le contó sobre la caja misteriosa y cómo había encontrado los cristales de las emociones perdidas.

La Sabia de las Emociones le explicó que reconocer y aceptar las emociones era un paso importante para vivir una vida plena y equilibrada. Enseñó a la joven a conectarse con cada emoción, a nombrarla y a comprender el mensaje que traía consigo.

Después de pasar tiempo con la Sabia de las Emociones, Valentina se sintió más segura y en paz con sus sentimientos. Aprendió a reconocer cuándo sentía ira, tristeza, alegría o miedo, y a aceptar que todas las emociones eran normales y valiosas.

Cuando regresó a su pueblo, Valentina decidió compartir su experiencia con los demás. Ayudó a los niños y adultos a explorar sus propias emociones y a expresarlas de manera saludable».

¿Quieres que Valentina te ayude a ti también?

▶Paso 1

Encuentra un momento tranquilo para reflexionar. Imagina que tienes una caja misteriosa frente a ti, llena de cristales de colores. Cada cristal representa una emoción diferente. Observa los colores y las formas de los cristales y elige uno que te llame la atención.

▶Paso 2

Toma el cristal en tus manos y cierra los ojos. Concéntrate en cómo te sientes en ese momento. ¿Puedes reconocer la emoción que representa ese cristal en tu propia vida? Permítete sentir y explorar esa emoción.

►**Paso 3**

Reflexiona sobre la historia de Valentina y cómo aprendió a reconocer y aceptar sus emociones. Piensa en qué mensajes importantes puedes extraer de esa historia y cómo puedes aplicarlos a tu propia vida.

►**Paso 4**

Escribe en un diario tus reflexiones y experiencias. Anota qué emociones te resulta más fácil reconocer y aceptar y cuáles te parecen más desafiantes. Reflexiona sobre por qué puede ser así y qué puedes hacer para trabajar en aceptar plenamente todas tus emociones.

ACEPTA TUS EMOCIONES

El **segundo paso** será **aceptar tus emociones.** En lugar de luchar contra las emociones negativas, es necesario aprender a asumirlas. Eso no implica resignarse a la idea de que nunca cambiarán, sino más bien supone darte permiso para sentir las diferentes emociones como la alegría radiante, la tristeza profunda, la ira ardiente y el miedo paralizante.

Al aceptar tus emociones, te liberas de la lucha interna y consigues experimentar plenamente tus vivencias. Reconoces que todas las emociones que sientes son igual de válidas y tienen un propósito en tu vida. Implica mirar dentro de ti con honestidad y sin juzgarte.

EJERCICIO: EVALÚA TUS REGLAS VERBALES Y REGULA EL GRADO DE ACEPTACIÓN DE TUS EMOCIONES

Cada uno de nosotros usamos ciertas reglas básicas para «movernos» por la vida. Aunque estas reglas son subjetivas, se tiende a verlas como una absoluta verdad; además, tienen un impacto profundo en cómo cada uno de nosotros se ve a sí mismo y a la vida.

Para poder hacer este ejercicio es necesario e importante que dediques el tiempo que consideres preciso para identificar las reglas más básicas (quizá en forma de dichos o expresiones) con las que tú te mueves habitualmente en cada una de estas áreas específicas.

►**1. Reglas acerca de las relaciones con los demás**

Por ejemplo, piensas que:

- «Valoro la confianza en mis relaciones y creo en la honestidad como base para construir lazos sólidos».
- «Fomento la lealtad y la reciprocidad en mis relaciones, brindando apoyo y confiando en que los demás también lo harán».

▶ 2. Reglas acerca de sentirte mal de manera interna
Por ejemplo, piensas que:

- «Practico la gratitud diariamente, enfocándome en las cosas positivas que tengo en mi vida y valorando lo que he logrado hasta ahora».
- «Me permito sentir emociones y acepto que es normal experimentar altibajos emocionales. Busco formas saludables de manejar mis sentimientos, como la meditación o la escritura».

▶ 3. Reglas acerca de superar obstáculos en la vida
Por ejemplo, piensas que:

- «Entiendo que enfrentar desafíos es parte del proceso de crecimiento y aprendizaje, por lo que busco apoyo y recursos para superarlos».
- «Veo los obstáculos como oportunidades para desarrollar nuevas habilidades y fortalecer mi resiliencia».

▶ 4. Reglas acerca de la «justicia» en la vida
Por ejemplo, piensas que:

- «Creo en la justicia como un valor fundamental y busco contribuir a un mundo más equitativo, practicando la empatía y la comprensión hacia los demás».
- «Acepto que la vida puede ser impredecible y que cada persona tiene su propio camino, evitando comparaciones y cultivando la gratitud por mis propias bendiciones».

▶ 5. Reglas sobre tu relación contigo mismo
Por ejemplo, piensas que:

- «Me trato con amabilidad y compasión, reconociendo que soy humano y puedo cometer errores. Me perdono y aprendo ellos».
- «Priorizo mi bienestar emocional y físico, dándome tiempo para descansar, relajarme y cuidar de mí mismo cuando lo necesito».

Identificando estas reglas o valores que te «mueven» será más probable que el nivel de aceptación de tus emociones sea equilibrado.

Al practicar la aceptación, puedes experimentar un mayor bienestar emocional. Aceptar tus emociones y sentimientos te permite abrazar la experiencia humana completa, incluyendo las emociones difíciles. Esto te ayuda a liberarte de la lucha interna y a reducir el estrés y la ansiedad. Por eso, redescubrir y practicar estrategias de aceptación te permite crecer personalmente, reducir el sufrimiento y vivir de manera auténtica. Es un camino hacia una vida más plena y significativa. ¿Te animas?

EJERCICIO: REDESCUBRE TUS ESTRATEGIAS DE ACEPTACIÓN

Ahora te invito a que entrenes tus estrategias de aceptación. Hacerlo te ayudará a potenciar la aceptación y facilitar su generalización a otras situaciones.

Lo podrás hacer de la siguiente manera:

▶ **1. Estrategias positivas**

Escribe en diferentes pósit de color verde aquellas situaciones que hayas aceptado y, debajo de cada una, al menos dos estrategias que te han ayudado a hacerlo. Cuanto más concreta sea la descripción de las estrategias, mucho mejor.

▶ **2. Situaciones negativas**

En pósit de color amarillo debes escribir situaciones que te cuesta aceptar y que consideras que te generan malestar. Después, distribúyelos en una mesa de forma que puedas visualizarlos todos.

▶ **3. Comparación**

El siguiente paso será que reflexiones sobre cuáles son las estrategias que te ayudaron a aceptar las primeras situaciones, y si podrías transferir alguna de ellas a las situaciones en amarillo. Selecciona una situación y las estrategias que crees más eficaces para mejorar su grado de aceptación.

▶ **4. Práctica**

A lo largo de las siguientes dos semanas debes poner en práctica esa estrategia y anotar cada noche si la has modificado de alguna forma y cómo crees que te está ayudando.

▶ **5. Análisis**

Después de 15 días vuelve a realizar el ejercicio y analiza si la situación elegida está ahora entre los pósit amarillos o entre los pósit verdes.

EXPRESA TUS EMOCIONES

Una vez que reconoces y aceptas tus propias emociones, es importante encontrar **formas adecuadas de expresarlas.** Esto puede implicar hablar con alguien de confianza, como un amigo cercano, un familiar o un terapeuta. Compartir nuestras emociones nos permite liberar la carga emocional, obtener apoyo y comprensión y fortalecer nuestros lazos emocionales con los demás.

Expresar nuestras emociones no implica desahogarnos de manera descontrolada o agresiva. Se trata de encontrar un equilibrio entre expresar lo que sentimos y respetar los límites de los demás. Podemos aprender a comunicarnos de manera asertiva, expresando nuestras emociones de forma clara y respetuosa, buscando un entendimiento mutuo y una solución constructiva.

Aprender a expresar nuestras emociones requiere práctica y paciencia. Es posible que encontremos obstáculos en el camino, como el miedo al rechazo o la incomodidad de ser vulnerables.

EXPRÉSATE CON PALABRAS

La forma más obvia para expresar nuestras emociones es a través de palabras. Decir «estoy feliz», «estoy triste» o «estoy enfadado» es una manera directa de transmitir nuestras emociones a los demás.

RECURSO: VOCABULARIO EMOCIONAL

Tener un amplio repertorio de palabras emocionales ayuda a describir con mayor precisión nuestras emociones, lo que nos permite comunicarnos de manera más efectiva.

Emoción	Palabras relacionadas
Alegría	Felicidad, entusiasmo, regocijo, placer, euforia, júbilo, satisfacción, contento, dicha, gozo, risa
Tristeza	Melancolía, pesar, desaliento, pena, desánimo, desconsuelo, desesperanza, nostalgia, aflicción
Ira	Rabia, enfado, furia, indignación, enojo, irritación, resentimiento, cólera, irascibilidad
Miedo	Temor, ansiedad, pánico, inseguridad, preocupación, susto, angustia, fobia, terror, aprensión
Amor	Afecto, cariño, pasión, ternura, enamoramiento, devoción, encanto, afectividad, romance, amistad
Sorpresa	Asombro, desconcierto, maravilla, perplejidad, estupefacción, incredulidad, impacto, admiración
Disgusto	Aversión, repugnancia, desagrado, repulsión, repelo, desprecio, nauseabundo, aborrecimiento
Vergüenza	Timidez, incomodidad, humillación, bochorno, rubor, arrepentimiento, autocensura, mortificación
Gratitud	Agradecimiento, reconocimiento, aprecio, agradecido, agradecida
Preocupación	Inquietud, nerviosismo, ansiedad, angustia, desvelo, zozobra, temor, aprensión, intranquilidad

Envidia	Celos, resentimiento, codicia, deseo, rivalidad, celoso, envidioso, deseo, codicioso, anhelo
Orgullo	Satisfacción, vanidad, soberbia, dignidad, arrogancia, altivez, autoestima, satisfactorio, honra
Confusión	Desorientación, perplejidad, desconcierto, desconcertado, desorientado, aturdimiento, lío, embrollo
Empatía	Compasión, comprensión, solidaridad, simpatía, conexión, identificación, sensibilidad, apoyo
Culpa	Remordimiento, autoacusación, arrepentimiento, culpabilidad, vergüenza, autocastigo
Frustración	Desilusión, decepción, impotencia, fracaso, descontento, contrariedad, desánimo, enfado, disgusto
Esperanza	Optimismo, fe, ilusión, expectativa, anhelo, confianza, positividad, entusiasmo, anhelar, ansiar
Euforia	Exaltación, exuberancia, alegría extrema, excitación, júbilo, éxtasis, eufórico, eufórica
Aversión	Repulsión, antipatía, disgusto, animadversión, odio, repugnancia, aborrecimiento, aversivo
Indiferencia	Desinterés, apatía, desapego, pasividad, despreocupación, desinteresado, insensibilidad, neutralidad

Para enriquecer tu vocabulario emocional, también puedes leer literatura que explore las emociones, realizar ejercicios de autoexploración emocional o conversar abiertamente sobre tus emociones con otras personas.

LA CARA ES EL ESPEJO DEL ALMA

Además de la comunicación verbal, también existen otras formas de expresar emociones. La más importante de ellas es la **expresión facial;** no en vano se dice que la cara es el espejo del alma. Nuestro rostro refleja muchas de nuestras emociones.

Cuando experimentamos emociones intensas, los músculos faciales se contraen y se relajan de manera específica, generando expresiones faciales características. Por ejemplo, una sonrisa puede indicar felicidad y alegría, mientras que una ceja fruncida puede reflejar preocupación o confusión.

Nuestras emociones también pueden influir en otros aspectos de nuestra cara, como el brillo de los ojos, la tensión en los labios o incluso el enrojecimiento de la piel. Estos cambios sutiles en la expresión facial pueden ser perceptibles para los demás y transmitir información sobre nuestras emociones internas, incluso cuando intentamos ocultarlas.

EJERCICIO: RECONOCE Y EXPRESA CÓMO TE SIENTES

Observa atentamente estas caras que, como puedes comprobar, muestran distintas emociones básicas.

Responde:

• ¿Qué te sugieren?
• ¿Qué emoción representa cada una de estas caras?
• ¿Cómo reacciona la gente ante cada una de estas emociones?
• ¿Qué tendría que pasarte a ti para que sintieras estas emociones?
• ¿Cómo crees que reaccionarías?

Cuando estás triste quizás tengas ganas de llorar o de estar callado y solo, aunque también puede ser que necesites que alguien esté a tu lado para consolarte y hacerte compañía.

La alegría nos apetece compartirla con los demás. En cambio, cuando has sentido miedo quizás te haya costado reaccionar, ya que el miedo nos paraliza, aunque a veces nos hace sentir la necesidad de huir o buscar protección.

La rabia nos hace tener ganas de expresar lo que sentimos, atacar o gritar.

Tus palabras, el tono y la voz que utilizas para expresarlas también dan mucha información sobre tus emociones. En nuestro modo de expresar lo que queremos decir, lo que importa no es tanto lo que decimos, sino cómo lo hacemos.

Una buena comunicación te da la posibilidad de asumir la responsabilidad de tus propias emociones.

EL CUERPO HABLA DE NUESTRAS EMOCIONES

La **postura**, los **gestos** y los **movimientos corporales** también pueden transmitir nuestras emociones. Por ejemplo, cruzar los brazos y fruncir los labios puede indicar que estamos cerrados o enojados, mientras que mantener una postura abierta y relajada puede reflejar confianza o tranquilidad.

EJERCICIO: MÍMICA DE LAS EMOCIONES

Para hacer este juego debes preparar varias tarjetas, escribiendo en ellas diferentes emociones. Después, toma una de ellas y representa la emoción. Si juegas con otros, estos deben adivinarla. Quien acierta es el siguiente en salir. Incrementa la dificultad poniendo emociones o sentimientos «menos conocidos».

EXPRESA EMOCIONES CON TU COMPORTAMIENTO

La **forma de comportarnos** es también una manera de expresar nuestras emociones. Por ejemplo, correr y saltar cuando estamos felices, o retirarnos y aislarnos cuando estamos tristes, son acciones que reflejan nuestras emociones internas.

EJERCICIO: IDENTIFICA LA MANERA DE EXPRESAR TUS EMOCIONES

Cada emoción nos provoca una expresión distinta: lloramos, reímos, gritamos, sudamos, etc. Cada persona reacciona de forma diferente en función de cómo valora la situación vivida. De hecho, incluso uno mismo no reacciona de la misma forma ante la misma emoción, y a veces reaccionamos de manera parecida ante emociones distintas. A continuación, en una hoja aparte y siguiendo el modelo de la ficha que te propongo, escribe una situación que te provoque cada una de las emociones expuestas y tres formas tuyas de reaccionar ante ellas:

Mis emociones	¿Cómo las expreso?
Alegría (Me han dado un premio)	1. Salto de alegría. 2. Lo celebro con mi familia. 3. Estoy satisfecho.
Tristeza	1. 2. 3.
Miedo	1. 2. 3.
Ira	1. 2. 3.
Sorpresa	1. 2. 3.
Vergüenza	1. 2. 3.

Ahora, consulta qué harían tres personas cercanas a ti en las mismas situaciones:

Emociones	Persona 1	Persona 2	Persona 3
Alegría			
Tristeza			
Miedo			
Ira			
Sorpresa			
Vergüenza			

LAS EMOCIONES A TRAVÉS DEL ARTE

La **expresión artística,** como escribir, pintar o bailar, puede ser una vía poderosa para dar salida a nuestras emociones. Esta manera de exteriorizar las emociones las exploraremos con detalle en el siguiente capítulo.

LA INTERPRETACIÓN DE LAS EMOCIONES

Ahora que comprendes la importancia de expresar tus emociones: ¿cómo entienden los otros lo que quieres transmitir?

La **interpretación de las emociones** es subjetiva y depende de la perspectiva y los prejuicios individuales. Puede variar significativamente debido a diferentes factores, como el contexto cultural, las experiencias personales y las habilidades de comunicación. Vamos a ver algunos ejemplos.

En el caso de la **alegría:**

- Alguien puede interpretar la alegría de una persona como un signo de felicidad y satisfacción.

- Otra persona puede percibir la alegría de alguien como una muestra de euforia exagerada o incluso de superficialidad.

En el caso de la **tristeza:**

- Alguien puede interpretar la tristeza de una persona como una señal de vulnerabilidad y necesidad de apoyo.

- Otra persona puede considerar la tristeza de alguien como una muestra de debilidad emocional o falta de control.

En el caso de la **ira:**

- Alguien puede interpretar la ira de una persona como una expresión legítima de su frustración o indignación.

- Otra persona puede percibir la ira de alguien como una agresión o una falta de control emocional.

En el caso del **miedo:**

- Alguien puede interpretar el miedo de una persona como una respuesta natural ante una situación amenazante.

- Otra persona puede ver el miedo de alguien como una muestra de cobardía o falta de valentía.

EJERCICIO: NO TODOS INTERPRETAMOS IGUAL LA REALIDAD

▶ 1. Representando la emoción

Puedes usar un papel o una cartulina para hacer un dibujo que represente una emoción que sientas ahora o hayas sentido en algún momento: alegría, tristeza, miedo, rabia, vergüenza, o cualquier otra. No tienes que expresar con palabras la emoción que estás representando, solo dibuja una cara exteriorizando esa emoción.

▶ 2. Obteniendo respuestas

A continuación, enseña tu dibujo a varias personas, cuantas más, mejor. Por ejemplo a tu pareja, a tus hijos, a tus compañeros o amigos. Ahora, pídeles que escriban en la parte de atrás la emoción que creen que representa tu dibujo.

▶ 3. Autoanálisis

Lee lo que han escrito y hazte estas preguntas:

- ¿Lo que han puesto coincide con lo que tú querías representar en tu dibujo?
- ¿Hay alguna palabra que no sepas por qué la han escrito?

• Si no entiendes el porqué, ¿qué puedes hacer para entenderlo?
• ¿Has conseguido resolver este «misterio» de las palabras?
• ¿Esta actividad te ha enseñado algo?

Es posible que algunas de las palabras que han escrito coincidan con la emoción que querías expresar en tu dibujo, pero quizás te haya sorprendido comprobar que han puesto emociones que no tienen nada que ver con lo que tú pretendías. Puede que no acabes de entender por qué no han escrito lo que deseabas. Entonces, lo mejor es preguntar directamente a quien lo haya puesto.

Si lo preguntas, a lo mejor te das cuenta de que era posible interpretar tu dibujo de forma distinta a la tuya. Puede ocurrir que, tras darte la explicación, ya comprendas por qué alguien ha descrito tu dibujo con una palabra que no acababas de comprender.

¿QUÉ OCURRE CON LAS EMOCIONES QUE NO SE EXPRESAN?

En palabras de Sigmund Freud: «Las emociones reprimidas nunca mueren. Están enterradas vivas y saldrán a la luz de la peor manera». Sobre todo cuando somos más vulnerables. Cuando reprimimos nuestras emociones y evitamos expresarlas podemos experimentar varios efectos negativos en nuestra salud y bienestar emocional.

Al reprimir continuamente nuestras emociones, la tensión emocional se acumula en nuestro interior. Esta tensión puede generar estrés, ansiedad y malestar general.

Además, hay estudios que han demostrado que la represión de emociones puede contribuir al desarrollo de enfermedades como hipertensión arterial, enfermedades cardiovasculares y trastornos gastrointestinales.

También afecta a nuestras relaciones con los demás. La falta de expresión emocional puede generar distanciamiento, malentendidos y dificultades para establecer una comunicación efectiva.

Por último, puede dificultar el crecimiento personal y el desarrollo de habilidades de inteligencia emocional. Al no enfrentar y trabajar nuestras emociones, perdemos la oportunidad de aprender de ellas, comprender nuestros patrones emocionales y desarrollar estrategias saludables de manejo emocional.

CUESTIONARIO: ¿REPRIMO MIS EMOCIONES?

Este cuestionario es solo una herramienta para reflexionar sobre tus patrones emocionales. Si encuentras que reprimes tus emociones frecuentemente, puede ser beneficioso el apoyo de un profesional para explorar estas dificultades emocionales.

Para cada pregunta, asigna un valor de 0 a 4 puntos según la escala indicada a continuación:

0 puntos. No me identifico con esta afirmación.
1 punto. A veces me identifico con esta afirmación.
2 puntos. Me identifico moderadamente con esta afirmación.
3 puntos. Me identifico bastante con esta afirmación.
4 puntos. Me identifico completamente con esta afirmación.

▶ **1.** ¿Suelo evitar expresar mis emociones abiertamente?

▶ **2.** ¿Siento que debo mantener un control constante sobre mis emociones?

▶ **3.** ¿Me cuesta identificar y etiquetar mis emociones con claridad?

▶ **4.** ¿Siento incomodidad al llorar o mostrar vulnerabilidad emocional?

▶ **5.** ¿Suelo minimizar o ignorar mis emociones negativas?

▶ **6.** ¿Evito confrontaciones o situaciones que podrían generar emociones intensas?

▶ **7.** ¿Tiendo a distraerme o evadir mis emociones a través de actividades como el trabajo o las redes sociales?

▶ **8.** ¿Me resulta difícil hablar sobre mis sentimientos con otras personas?

▶ **9.** ¿Siento miedo o vergüenza al ser vulnerable emocionalmente frente a los demás?

▶ **10.** ¿Experimento síntomas físicos como tensión muscular, dolores de cabeza o problemas digestivos que podrían estar relacionados con la represión emocional?

Suma los puntos obtenidos en todas las preguntas para obtener una puntuación total.

Utiliza la siguiente escala para interpretar tu puntuación total:

- **0-10 puntos.** No hay evidencia significativa de represión emocional.
- **11-20 puntos.** Existen algunas tendencias hacia la represión emocional.
- **21-30 puntos.** Hay indicios claros de represión emocional en tu vida.
- **31-40 puntos.** Existe una fuerte tendencia a reprimir tus emociones.

¿QUÉ OCURRE SI LLORAMOS?

El llanto es una expresión emocional que está estrechamente relacionada con nuestras emociones. Es una respuesta natural y normal que experimentamos como seres humanos para expresar una amplia gama de emociones, tanto positivas como negativas.

De este modo, puede ser desencadenado por diversas emociones intensas, como la tristeza, la alegría, la frustración, el estrés, la ira o incluso el alivio emocional.

Por ejemplo, cuando nos reunimos con un familiar después de un tiempo separados, o un amigo que no hemos visto en mucho tiempo, puede haber una respuesta emocional intensa que se manifiesta en lágrimas de alegría. O, por ejemplo, después de la muerte de alguien cercano, es común experimentar una profunda tristeza que puede llevar a las lágrimas. Llorar es una forma natural de expresar el dolor y el duelo por la pérdida. En esta última situación, llorar es un acto que nos proporciona una sensación de catarsis, permitiendo que las emociones fluyan y se liberen.

Por lo tanto, el llanto debe alejarse de esa idea errónea de debilidad y ser entendido como algo beneficioso para nuestra salud emocional. ¡Permítete llorar de vez cuando!

EJERCICIO: LLORA Y LIBERA TUS EMOCIONES

El llanto es una expresión emocional natural que a veces no puede ser forzada o controlada de manera efectiva. Sin embargo, si sientes la necesidad de liberar tus emociones llorando, aquí te doy algunas sugerencias que puedes probar:

▶ **Paso 1**

Tómate unos segundos para inhalar profundamente por la nariz y exhalar por la boca. Así, podrás calmar tu mente y cuerpo, permitiéndote conectar con tus emociones.

▶ **Paso 2**

Si hay algo en particular que te entristece o te provoca emociones intensas, tómate un momento para pensar en ello. Reflexionar sobre esa experiencia o situación puede ayudarte a conectar con tus emociones y desencadenar las lágrimas.

▶ **Paso 3**

Si no tienes algo específico que te haga sentir triste, cierra los ojos e imagina una escena que te toque emocionalmente. Puede ser una experiencia personal significativa o incluso una escena de una película que te haya conmovido en el pasado.

▶**Paso 4**

El simple acto de frotar suavemente los ojos puede estimular las glándulas lacrimales y promover la liberación de lágrimas. Esto puede ser útil cuando sientes la necesidad de llorar pero las lágrimas no fluyen fácilmente.

▶**Paso 5**

La música tiene el poder de evocar emociones profundas. Escucha canciones que te conmuevan o toquen tu corazón. Las melodías y letras emotivas pueden ayudarte a conectar con tus sentimientos y facilitar la liberación emocional.

Recuerda que cada persona es única, y lo que funciona para una es posible que no funcione para otra. Si bien estas sugerencias pueden ayudarte a desencadenar el llanto, es importante permitirte sentir y procesar tus emociones a tu propio ritmo. Haz caso siempre a tu intuición y busca el apoyo adecuado cuando lo necesites.

EL ARTE Y LAS EMOCIONES

El arte es una herramienta poderosa para llegar a las emociones de manera profunda y significativa. Nos permite comunicarnos más allá de las palabras, transmitiendo lo que a veces resulta difícil de expresar verbalmente. Imagina que la vida es como un lienzo en blanco esperando a ser pintado con los colores más vibrantes y expresivos.

La alegría es como un estallido de colores cálidos y brillantes que danzan en el lienzo, irradiando energía y vitalidad. La tristeza, en cambio, es como una gama de tonos azules y grises que fluyen suavemente, creando una serie de trazos melancólicos y expresivos.

El miedo se manifiesta en pinceladas temblorosas, que oscilan entre los tonos oscuros y sombríos. La ira es como un torbellino de rojos y naranjas intensos, trazando líneas enérgicas y llenando el espacio con fuego y pasión.

Pero no podemos olvidar las emociones secundarias, esas que se deslizan entre los colores principales. La sorpresa es como una explosión de colores vivos y llamativos, que aparece creando contrastes audaces y desafiando las expectativas. La gratitud se despliega como un arcoíris suave y delicado, bañando el lienzo con tonos suaves y reconfortantes.

El amor es el matiz que impregna toda la obra, como un abrazo cálido de colores rosados y rojos que se entrelazan en un abrazo amoroso y sincero.

En este lienzo emocional, cada trazo tiene un propósito y una historia que contar. Cada color representa una experiencia, un sentimiento, una expresión. Puedes mezclar los colores, combinarlos de formas únicas y experimentar con nuevas texturas y formas. Así que, toma tus pinceles emocionales y sumérgete en este mundo de colores y formas. Permítete jugar, experimentar y expresarte a través de cada pincelada. No hay reglas, solo la libertad de crear y explorar tu propio universo emocional.

Recuerda que esta obra de arte es tuya y solo tuya. Observa cada emoción como una obra maestra en sí misma, llena de belleza y significado. Celebra la diversidad de colores y tonos en tu paleta emocional, y déjate llevar por el fluir de cada trazo, creando un cuadro único y auténtico.

Entonces, ¡levanta tu paleta emocional y comienza a pintar tu vida con los colores más vibrantes y expresivos!

LAS ARTES PLÁSTICAS

Pintar y dibujar son formas de expresiones muy populares y versátiles, utilizadas por artistas de todo el mundo para transmitir ideas y emociones.

EJERCICIO: PINTA TUS EMOCIONES

Explorar y expresar tus emociones a través del arte, te brinda un espacio seguro para conectar con tus sentimientos internos y externalizarlos de una manera creativa y personal. Disfruta del proceso y anímate a descubrir cómo las emociones pueden manifestarse a través de los colores y las formas en tus creaciones artísticas.

Para llevarlo a cabo, necesitarás papel o cartulina, pinturas, pinceles, recipientes con agua y un soporte para mezclar los colores.

▶ **1. Entorno**
Empieza eligiendo un lugar tranquilo y cómodo donde puedas concentrarte en tu proceso creativo. Coloca el papel o la cartulina enfrente de ti y toma un momento para reflexionar sobre una emoción específica que desees explorar y expresar a través de la pintura. Puede ser cualquier emoción que estés experimentando, ya sea alegría, tristeza, enojo, calma, amor, o cualquier otra.

▶ **2. Identificación**
Una vez que hayas identificado la emoción, selecciona los colores y las técnicas de pintura que sientas que representan mejor esa emoción para ti. Puedes elegir colores brillantes y enérgicos, tonos suaves y relajantes o cualquier combinación que te inspire y refleje tu estado emocional.

► **3. Expresión**

Comienza a pintar en el papel, permitiendo que tu pincel se deslice y se mezcle con los colores que has elegido. No te preocupes por el resultado final, lo importante es expresar tu emoción a través de los trazos y las formas en el papel. Permítete experimentar libremente y deja que tus emociones te guíen en el proceso.

► **4. Conexiones**

A medida que vas pintando, concéntrate en la conexión entre tus sentimientos internos y los colores y formas que estás creando. No hay respuestas correctas o incorrectas, ya que se trata de tu interpretación personal de la emoción que estás explorando.

► **5. Reflexión**

Una vez que hayas finalizado tu obra de arte, tómate un momento para observarla y reflexionar sobre cómo te sientes al ver las emociones plasmadas en el papel. Puedes contemplar los colores, las texturas y las formas que has utilizado y permitir que te transmitan un mensaje emocional.

¿No te ha pasado nunca que cuando oyes una palabra ves un color? Esta idea, que *a priori* puede parecer extraña o surrealista, es algo que nos ocurre a muchas personas. Es más, este fenómeno tiene un nombre: **sinestesia.**

La sinestesia es un fenómeno neurológico mediante el cual una persona capta un estímulo por medio de distintos canales, relacionándose entre sí. El caso más común de sinestesia es relacionar las letras con los colores, de tal forma que cada vez que se ve una letra o un número, se percibe un color, hasta el punto de llegar a verlo en la letra. A este suceso se le conoce como **sinestesia grafema-color.**

Bueno, pues a continuación quiero que te ocurra algo parecido, pero con las emociones. ¿Te animas?

EJERCICIO: LAS PALABRAS EMOCIONALES

En esta actividad debes expresar las emociones de forma plástica. ¿Cómo harías para que la palabra «alegría» expresara alegría? ¿Y para que la palabra «tristeza» pareciera triste?

► **1.** De la lista de emociones que hay a continuación, escoge una:

Alegría	Tristeza	Enfado
Miedo	Enfado	Sorpresa
Vergüenza	Calma	Amor

►**2.** Ahora, coloca un folio o cartulina en horizontal y representa el nombre de la emoción elegida del modo más original y artístico que se te ocurra.

►**3.** Después, reflexiona sobre las siguientes preguntas:

- ¿De qué color te imaginas la alegría?, ¿y la rabia?, ¿y la vergüenza?

- ¿Serías capaz de dibujar una de las letras de la palabra «tristeza» con unos ojos llorando, o «alegría» con una boca sonriente?

- ¿De qué tamaño podrían ser las letras de la palabra «rabia»?

UTILIZA TU *FLOW*

Ahora es momento de que te sumerjas en tu creatividad. Cuando te dejas llevar por tu arte, entras en un **estado de flujo** en el que pierdes la noción del tiempo y te sientes completamente absorto en lo que estás creando. Durante este estado, las preocupaciones y distracciones desaparecen y te concentras plenamente en tu expresión artística.

Es una forma valiosa de conectarte contigo mismo, de liberar tus emociones y de descubrir nuevas facetas de tu creatividad. Te permite explorar sin miedos ni barreras, y te brinda la oportunidad de descubrir nuevas perspectivas y posibilidades en tu expresión artística.

EJERCICIO: QUE TUS EMOCIONES FLUYAN

Este ejercicio te servirá para observar, familiarizarte y expresar de una manera artística tus emociones.

Piensa en una situación en la que hayas experimentado una emoción fuerte. Puedes tomarte tu tiempo para identificar perfectamente la emoción. A continuación, juega con tu imaginación de manera creativa:

- Si tu emoción tuviese un color, sería…
- Si tuviese forma, sería…
- Si fuera un olor, sería…
- Si fuese un personaje histórico, sería…
- Si tu emoción fuese un animal sería…

Ponle nombre a la emoción: _____.

Ahora, haz un dibujo de tu emoción dejándote llevar por el propio lápiz que hayas decidido utilizar.

MODELADO DE ESCULTURAS

Otra manera de poder expresar tus emociones es a través del **modelado de esculturas.** Esto te permitirá dar forma física a tus emociones creando figuras que transmiten una amplia gama de sentimientos, desde la alegría y el amor hasta la tristeza y el dolor.

También te puede servir como una herramienta terapéutica para explorar y procesar tus propias emociones. Al trabajar con el material y dar forma a la escultura, puedes canalizar y liberar emociones reprimidas o difíciles de expresar verbalmente. La escultura se convierte en un medio de autodescubrimiento y sanación emocional.

EJERCICIO: LA ESCULTURA EMOCIONAL

Esta actividad te permite explorar y expresar tus emociones de una manera creativa y tangible. A través del proceso de modelado, puedes profundizar en la comprensión de tus emociones y encontrar nuevas formas de expresarlas visualmente. Disfruta del proceso creativo y permítete explorar y experimentar con el material moldeable.

Para poder realizarlo, necesitarás: arcilla, plastilina u otro material moldeable, un espacio de trabajo protegido con papel o mantel y, opcionalmente, herramientas de modelado (como cuchillos de plástico, palillos de madera, etc.).

▶ **1. Preparación**

Organiza un espacio de trabajo adecuado para realizar la actividad. Coloca un papel o un mantel para proteger la superficie y asegúrate de tener espacio suficiente para manipular el material moldeable.

▶ 2. Elige la emoción

Reflexiona sobre una emoción específica que deseas explorar y expresar a través de la escultura. Puede ser cualquier emoción, como alegría, tristeza, miedo, calma, etc.

▶ 3. Selecciona el material

Escoge el material moldeable que necesitas para crear la escultura emocional. Puedes utilizar arcilla, plastilina, masa para modelar u otro material similar que te resulte cómodo de manipular.

▶ 4. Modelado

Comienza a moldear el material según la emoción que hayas elegido. Permítete expresar libremente tu emoción a través de la escultura. No te preocupes por la perfección o la forma final, lo importante es la expresión de la emoción.

▶ 5. Experimenta

Utiliza las herramientas de modelado, como cuchillos de plástico o palillos de madera, si deseas agregar detalles o texturas a tu escultura. Explora diferentes formas, tamaños y texturas que te ayudarán a representar la emoción de manera más precisa.

▶ 6. Reflexiona

A medida que trabajes en tu escultura emocional, tómate momentos para reflexionar sobre la emoción exacta que estás representando. Una forma de hacerlo es observar cómo te sientes mientras das forma a la escultura y qué simbolismo o significado tiene para ti.

▶ 7. Finaliza

Cuando sientas que has representado adecuadamente la emoción a través de tu escultura, da los toques finales y considera si deseas agregar detalles adicionales. Recuerda que no hay una forma «correcta» de hacerlo, ya que la escultura es una expresión personal.

▶ 8. Reflexión final

Observa tu escultura emocional completada y tómate un momento para reflexionar sobre lo que representa para ti. Piensa en cómo te sientes al haber representado tu emoción a través del arte y qué aprendizajes has obtenido.

EL ARTE DEL *COLLAGE*

El collage es una técnica artística en la que se combinan diferentes elementos visuales, como recortes de revistas, fotografías, texturas, papeles, objetos encontrados u otros materiales, para crear una composición visual única.

Esta técnica ofrece una gran libertad creativa, ya que permite combinar elementos de diferentes fuentes y contextos en una nueva creación visual.

EJERCICIO: *COLLAGE* DE EMOCIONES
A través de la selección y composición de imágenes, puedes crear una representación visual de tus emociones y profundizar en la comprensión de las mismas. Disfruta de este ejercicio creativo y permítete experimentar con las imágenes para transmitir tus emociones de manera única.

Los materiales necesarios para hacer esta actividad son: revistas, periódicos, fotografías impresas, tijeras, pegamento, papel o cartulina grande.

▶**1. Preparación**
Busca un lugar donde puedas disfrutar de tranquilidad, sin interrupciones, y donde tengas la posibilidad de concentrarte plenamente en la tarea que vas a realizar. Organiza el espacio de trabajo de manera adecuada para realizar la actividad. Coloca un papel o un mantel para proteger la superficie y asegúrate de tener espacio suficiente para crear el *collage*.

▶**2. Selecciona las emociones**
Medita sobre una variedad de emociones que deseas explorar en el *collage*. Pueden ser emociones positivas, negativas o una combinación de ambas. Anota las emociones que deseas representar.

▶**3. Recopila las imágenes**
Explora revistas, periódicos y fotografías impresas en busca de imágenes que representen las emociones seleccionadas. Recorta las imágenes y sepáralas por categorías emocionales.

▶**4. Crea el *collage***
Comienza con una hoja de papel o cartulina grande y elige una emoción para empezar. Selecciona las imágenes que consideras que representan mejor esa emoción y comienza a pegarlas en el papel de manera creativa y artística. Puedes superponer las imágenes, crear patrones o utilizar técnicas de *collage* que te inspiren. Deja volar tu imaginación y permite que tu lado más artístico se exprese con libertad.

▶**5. Explora las emociones**
A medida que crees el *collage*, analiza las emociones que estás representando. Observa cómo te sientes mientras seleccionas y pegas las imágenes. Permítete sumergirte en la experiencia emocional mientras realizas este artístico y creativo ejercicio.

▶ 6. Composición

Continúa añadiendo imágenes y elementos al *collage* para representar las diferentes emociones seleccionadas. Juega con la composición, los colores y los contrastes para transmitir el mensaje emocional de forma visual y completamente creativa.

▶ 7. Reflexión final

Una vez que hayas completado el *collage* emocional, tómate un tiempo para observarlo y reflexionar sobre las emociones representadas. ¿Qué sientes al contemplar tu obra finalizada?

LA FOTOGRAFÍA

A través de la fotografía se pueden capturar emociones y transmitirlas. **Una imagen puede evocar una amplia gama de emociones;** se puede captar la alegría y la felicidad en un retrato sonriente, la tristeza y la melancolía en un paisaje solitario, el asombro y la admiración en una imagen de la naturaleza, o incluso el miedo y la tensión en una fotografía de acción.

Una fotografía apresa un momento irrepetible y puede ser el objeto de la nostalgia por el pasado, por ejemplo. Incluso una fotografía puede ser en sí misma un mensaje.

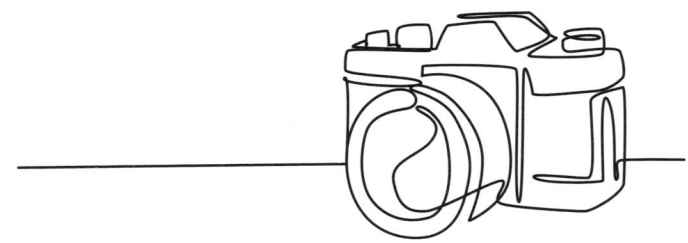

EJERCICIO: FOTOGRAFÍA DE EMOCIONES

Esta forma de hacer fotografías te invita a explorar tus propias emociones y conectar con las emociones de los demás, creando imágenes impactantes y evocadoras. A través de la selección cuidadosa de personas, encuadres, colores, luces y composición, de la fotografía, se pueden contar historias visuales llenas de significado emocional, despertando la empatía, la introspección y la reflexión en aquellos que se encuentran frente a estas imágenes.

Para poder hacer esta actividad, asegúrate de tener una cámara o un teléfono móvil con una buena calidad de imagen.

►1. Conexión interna

Antes de salir a tomar fotografías, reserva un momento para conectarte con tus propias emociones. Reflexiona sobre cómo te sientes en ese instante y qué emociones te gustaría capturar a través de las imágenes.

►2. Entorno acorde

Elige un entorno que te resulte interesante, como un parque, una calle transitada o un lugar tranquilo. Puedes también hacerlo en casa, observando los espacios y objetos de tu entorno más cercano. Mantén tus sentidos alerta y busca situaciones, expresiones faciales o gestos que reflejen las emociones que deseas capturar.

►3. Composición

Una vez que encuentres una situación o un objeto que te inspire, enfoca la cámara o el teléfono móvil y decide cómo quieres componer la imagen. Ten en cuenta la iluminación, los ángulos y los encuadres que ayudarán a transmitir la emoción deseada.

►4. Captura de emociones

Toma la fotografía en el momento en que sientas que captura la emoción de manera más efectiva. Puedes tomar varias fotos de la misma situación desde diferentes ángulos y perspectivas para asegurarte de capturar la esencia emocional.

►5. Evaluación

Después de sacar varias fotografías, tómate un tiempo para revisarlas y reflexionar sobre cada una. Evalúa si las imágenes transmiten las emociones que deseas expresar. Elige las que consideres más poderosas y significativas.

►6. Selección

Organiza las fotografías seleccionadas en un *collage* físico o digital, o crea una presentación de diapositivas. Puedes añadir palabras, descripciones o anotaciones que resalten la emoción que intentas transmitir con cada imagen que has elegido.

►7. Transmisión

Si te sientes cómodo, comparte tus fotografías y tu experiencia emocional con otras personas. Puedes hacerlo en persona o a través de plataformas en Internet.

►8. Reflexión final

Reflexiona sobre el proceso y cómo te sientes al haber capturado tus emociones a través de la fotografía.

LA MÚSICA

¿Qué hay de la música? La música es una poderosa forma de expresión de emociones. ¿Sabías que las ballenas utilizan las melodías y cantan como una forma de comunicación y expresión emocional en diferentes situaciones como sus relaciones sociales, el apareamiento o los momentos de peligro? Pues bien, al observar el comportamiento y la expresión musical de las ballenas, podemos extraer lecciones valiosas sobre la comunicación emocional y la conexión con sus iguales y con el entorno. Estos aprendizajes podemos aplicarlos a nuestro comportamiento humano, los cuales nos recuerdan la importancia de expresar nuestras emociones de manera clara y auténtica.

EJERCICIO: HABLA CON CANCIONES

Somos criaturas musicales desde lo más profundo de nuestra naturaleza. La música constituye un lenguaje universal con el que convivimos desde que nacemos. Esta actividad musical te servirá para conectar con tus emociones más profundas y te permitirá transmitir tu mensaje emocional de una manera distinta.

Para ello, te sugiero que hables o te comuniques con la persona que tú quieras usando fragmentos de canciones. Estas se pueden cantar de manera espontánea o bien usando alguna base musical utilizando la tecnología como apoyo.

EL BAILE

Desde que somos muy pequeños, los seres humanos tenemos una necesidad innata de estar en movimiento. Nuestro cuerpo busca constantemente la oportunidad de moverse, explorar y expresarse. Y una de las formas más naturales y poderosas de hacerlo es a través del baile.

El baile nos permite satisfacer esa necesidad de movimiento de una manera creativa y emocionalmente significativa. A medida que nos movemos al ritmo de la música, nuestras emociones encuentran una salida, una forma de expresión única y auténtica. El baile nos brinda un lenguaje no verbal para comunicar lo que a veces las palabras no pueden transmitir.

Cuando bailamos, nos volvemos conscientes de nuestras emociones a medida que las traducimos en movimientos. El baile nos permite expresar alegría, tristeza, pasión, rabia, euforia y una amplia gama de emociones. Es como si nuestro cuerpo se convirtiera en un lienzo en movimiento, donde nuestras emociones toman forma y vida.

A través del baile, encontramos una catarsis que nos ayuda a procesar y liberar las tensiones emocionales.

EJERCICIO: IMPROVISA BAILANDO

Esta actividad consiste en crear y desarrollar movimientos en el momento presente, sin coreografía preestablecida ni estructura fija. A través de la danza improvisada exploramos nuestras emociones, pensamientos y sensaciones corporales, permitiendo que nuestro cuerpo sea el canal para comunicar y expresar nuestra autenticidad.

Es una oportunidad para conectar con tu ser interior, liberar tensiones, explorar nuevas posibilidades de movimiento y crear conexiones más profundas contigo mismo y con los demás. La danza improvisada te invita a confiar en tu intuición, escuchar la música y dejarte llevar por su ritmo y energía, permitiendo que el cuerpo responda de forma natural y espontánea. No hay movimientos «correctos» o «incorrectos» en este tipo de baile, ya que cada individuo es único y tiene su propia forma de expresarse.

Para poder llevar a cabo este ejercicio, debes encontrar un lugar amplio y seguro donde puedas moverte libremente. Elige una lista de reproducción con música variada que te inspire y refleje diferentes emociones.

▶ **1. Calentamiento**

Realiza algunos ejercicios de calentamiento para preparar tu cuerpo. Esto puede incluir estiramientos suaves, movimientos articulares y ejercicios de respiración.

▶ **2. Conexión interna**

Tómate un momento para conectar contigo mismo y explorar tus emociones en ese momento. Puedes cerrar los ojos, respirar profundamente y prestar atención a las sensaciones y sentimientos que surgen en tu cuerpo.

▶ **3. Reproducción**

Reproduce la música seleccionada y escúchala atentamente. Permítete sentir su ritmo, melodía y energía. Observa cómo te hace sentir y qué emociones evoca en ti.

▶ **4. Movimiento**

Comienza a moverte libremente al ritmo de la música, sin preocuparte por seguir pasos de baile específicos. Deja que tu cuerpo se exprese de forma espontánea, explorando diferentes movimientos, posturas y gestos.

▶ **5. Conexión emocional**

A medida que te mueves, permite que las emociones fluyan a través de tu cuerpo. Conecta con cada emoción que surja y expresa su energía y cualidades a través del movimiento. Puedes explorar emociones como la alegría, la tristeza, la ira, el miedo o cualquier otra que sientas en ese momento.

▶ 6. Cambios

Juega con diferentes niveles de energía, velocidades, intensidades y cualidades de movimiento para reflejar las distintas emociones. Explora tanto movimientos suaves y fluidos como movimientos más enérgicos y expresivos.

▶ 7. Silencios

Toma momentos de silencio dentro de la música para explorar movimientos más lentos y pausados. Permítete sentir la conexión con tu cuerpo y las emociones que están presentes en esos instantes.

▶ 8. Calma

Cuando sientas que has expresado y explorado suficientemente tus emociones, detente y toma un momento para reflexionar sobre la experiencia. Observa cómo te sientes después de la improvisación y qué emociones has experimentado y liberado a través del movimiento.

EL TEATRO

El teatro ofrece un espacio seguro para explorar y expresar emociones de una manera controlada y artística. A través de la actuación, podemos dar vida a personajes que experimentan alegría, tristeza, ira, miedo, amor y muchas otras emociones. Todas tienen cabida en el teatro y el hecho de que no sean necesariamente las nuestras, sino las del personaje en el que nos convertimos, ayuda a analizarlas mejor.

EJERCICIO: EL TEATRO DE LAS EMOCIONES

Esta es una actividad en la que los participantes exploran y representan diferentes emociones a través de la actuación teatral.

▶ Paso 1

Reúne a un grupo de amigos que quieran participar y asegúrate de tener un espacio adecuado para realizar la actividad.

▶ Paso 2

Pide a los participantes que nombren diversas emociones, como alegría, tristeza, ira, miedo, sorpresa, amor, etc. Anímalos a compartir experiencias personales relacionadas con esas emociones.

▶ **Paso 3**

Una vez que haya una lista de emociones identificadas, apuntadlas en unas tarjetas y repartidlas aleatoriamente. En ellas aparecerá la emoción que corresponde a cada persona en la obra de teatro.

▶ **Paso 4**

Los participantes se dividen en parejas o grupos pequeños para preparar una breve escena o improvisación en la que cada uno exprese la emoción asignada. Deben ser creativos en la forma en que representan la emoción, utilizando movimientos, gestos, diálogos y expresiones faciales.

▶ **Paso 5**

Durante las representaciones, los demás participantes deben observar y tratar de identificar la emoción que se está representando.

▶ **Paso 6**

Después de cada actuación, dedicad un tiempo para reflexionar y discutir la representación de la emoción.

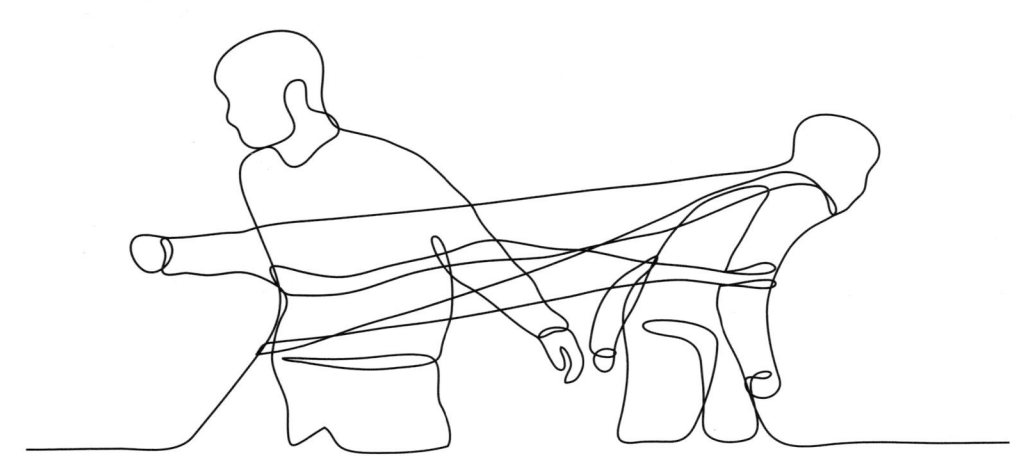

LA REGULACIÓN EMOCIONAL

El control de nuestras emociones es clave para dominar nuestra vida.
Dan Millman

Has discutido con tu mejor amigo. Durante la discusión, las emociones están a flor de piel y te encuentras en un momento de tensión emocional. En esta situación, hay varias opciones de cómo actuar, por eso, es importante que aprendamos a controlar las emociones.

Pero, ¿cómo hacerlo? Hay **respuestas inadecuadas**, como actuar de manera exagerada y agresiva, evitar la discusión, acudir al uso de sustancias adictivas o redirigiendo las emociones negativas que ha producido la discusión hacia personas que no tienen relación directa con el origen de las emociones. Por ejemplo, alguien que está molesto en el trabajo puede desquitarse con su familia en casa. A menudo, este tipo de respuestas pueden tener consecuencias en diferentes aspectos de la vida.

Otras **soluciones** pueden ser **correctas,** como hacer deporte, meditar y hacer ejercicios de respiración, entre otros. Tú, ¿qué tiendes a hacer?

RESPUESTAS INADECUADAS A LAS EMOCIONES

En ocasiones nos sentimos desbordados por nuestras emociones y respondemos de una manera inadecuada a las mismas. Vamos a analizar este tipo de respuestas con más profundidad y comprobar si tenemos tendencia a responder de este modo ante diversas situaciones de nuestra vida.

DEJAR QUE TUS EMOCIONES TOMEN EL CONTROL

Puedes dejarte llevar por la ira, la frustración o el resentimiento. Puedes gritar, decir palabras hirientes o actuar de manera impulsiva sin pensar en las consecuencias. Permites que las emociones negativas guíen tus acciones y palabras, lo que podría empeorar la situación y dañar la relación. A corto plazo, puede ser una forma de liberar la tensión emocional, pero a largo plazo puede generar arrepentimiento, rupturas en la comunicación y un deterioro en la calidad de la relación.

HACER COMO SI NO HUBIERA PASADO NADA Y OLVIDARLO

Puedes optar por ignorar o evitar enfrentar las emociones y conflictos presentes en la discusión. Nuestro instinto de supervivencia hace que busquemos formas específicas para eliminar las emociones negativas que surgen en nosotros. Es entendible que a veces pueda parecer tentador evitar o suprimir las emociones, especialmente cuando son intensas o desagradables. Pero, cuidado: **nada fija tan intensamente un recuerdo como el deseo de olvidarlo.** Si quieres olvidar algo, lo más probable es que no lo consigas nunca.

Es importante tener en cuenta que las emociones son una parte esencial de nuestra experiencia humana y desempeñan un papel esencial en nuestro bienestar psicológico y emocional. Intentar evitar completamente las emociones puede ser contraproducente y potencialmente perjudicial a largo plazo.

EJERCICIO: ¿EVITAS O CONTROLAS EMOCIONES?

Recuerda alguna situación difícil que hayas vivido y hayas tratado de evitar. ¿Lo tienes? Te propongo que pienses en ella, cojas papel y bolígrafo, y la trabajes a partir de la siguiente tabla. Propongo un ejemplo:

Situación difícil	Intento evitarla	¿Cómo me siento a corto plazo?	¿Cómo me siento a largo plazo?
Siento que hay un problema cada vez que me cruzo con mi jefe por el pasillo.	Evito encontrármelo por los pasillos del trabajo cada vez que salgo de mi despacho.	Me siento aliviado al evitar un posible conflicto.	Mi malestar se agrava con el riesgo de empeorar la situación.

Situación difícil	Intento evitarla	¿Cómo me siento a corto plazo?	¿Cómo me siento a largo plazo?

EL USO DE SUSTANCIAS ADICTIVAS COMO CONTROL DE EMOCIONES

Tu amigo, llamémosle Juan, con el que te has «peleado», ha comenzado a consumir alcohol en exceso para tratar de controlar sus emociones y escapar temporalmente de ese malestar que le ha causado la discusión.

Inicialmente, Juan puede experimentar un alivio momentáneo cuando bebe alcohol, ya que le proporciona una sensación de relajación y evasión de sus problemas. Sin embargo, con el tiempo, se da cuenta de que su consumo de alcohol está empeorando sus problemas emocionales.

En lugar de abordar las causas subyacentes de su estrés y buscar formas más saludables de regular sus emociones, Juan se ha vuelto dependiente del alcohol para hacer frente a sus dificultades. Esto le ha llevado a una disminución en su rendimiento laboral, conflictos en sus relaciones y problemas de salud física y mental.

En este caso, podemos ver que Juan carece de habilidades efectivas para manejar y regular sus emociones de manera saludable y recurre a las sustancias adictivas como una forma de «solución rápida» para sentirse mejor.

A menudo, las personas como Juan, recurren a este tipo de sustancias con la esperanza de aliviar el malestar emocional o escapar temporalmente de sus problemas. Sin embargo, esta forma de control emocional no aborda las causas subyacentes de las emociones negativas y no proporciona herramientas efectivas para manejarlas de manera saludable. De hecho, es contraproducente y puede tener graves consecuencias para la salud física, mental y emocional.

¿Tienes tú los recursos emocionales necesarios para que no te pase como a Juan?

CUESTIONARIO: HABILIDADES Y RECURSOS EMOCIONALES EN RELACIÓN AL USO DE SUSTANCIAS ADICTIVAS COMO MECANISMO DE REGULACIÓN

Por favor, responde a cada pregunta de acuerdo a tu situación actual, asignando un valor del 1 al 5. Al final, suma tus puntuaciones para obtener una visión general de tus herramientas emocionales. Recuerda que este cuestionario no reemplaza la evaluación profesional, pero puede ofrecerte una idea inicial de tu situación.

▶ **1. ¿Tengo conciencia de mis emociones y puedo identificarlas con precisión?**

1. Nunca.
2. Raramente.
3. A veces.
4. Frecuentemente.
5. Siempre.

▶2. ¿Soy capaz de expresar mis emociones de manera saludable y adecuada?

1. Nunca.
2. Raramente.
3. A veces.
4. Frecuentemente.
5. Siempre.

▶3. ¿Cuánto conocimiento tengo sobre diferentes técnicas de regulación emocional?

1. Muy poco conocimiento.
2. Conocimiento limitado.
3. Conocimiento moderado.
4. Buen conocimiento.
5. Amplio conocimiento.

▶4. ¿Suelo desarrollar habilidades para gestionar el estrés y la ansiedad de manera efectiva?

1. Nunca.
2. Raramente.
3. A veces.
4. Frecuentemente.
5. Siempre.

▶5. ¿Tengo una red de apoyo social y emocional con personas en las que confío y puedo acudir en momentos difíciles?

1. No tengo una red de apoyo.
2. Tengo una red limitada.
3. Tengo algunos amigos en los que confío.
4. Tengo una red sólida de apoyo.
5. Tengo una amplia red de apoyo.

▶6. ¿Cuento con recursos y actividades alternativas para aliviar el estrés o distraerme cuando me siento emocionalmente desafiado?

1. No cuento con recursos ni actividades.
2. Tengo recursos y actividades limitados.
3. Tengo algunas opciones para aliviar el estrés.
4. Tengo varias opciones para aliviar el estrés.
5. Tengo una amplia variedad de opciones para aliviar el estrés.

▶ **7. ¿Busco ayuda profesional, como terapia o asesoramiento, para fortalecer mis habilidades emocionales?**

1. Nunca.
2. Raramente.
3. A veces.
4. Frecuentemente.
5. Siempre.

▶ **8. ¿Tengo metas y propósitos claros en mi vida que me motivan y me ayudan a mantenerme enfocado en el crecimiento personal?**

1. No tengo metas o propósitos claros.
2. Tengo metas y propósitos vagos.
3. Tengo algunas metas y propósitos claros.
4. Tengo metas y propósitos definidos.
5. Tengo metas y propósitos claros y específicos.

▶ **9. ¿Cómo gestiono las situaciones de presión social o la influencia negativa de personas que podrían promover el consumo de sustancias adictivas?**

1. No gestiono bien estas situaciones.
2. Gestiono de manera limitada estas situaciones.
3. Gestiono algunas situaciones, pero no todas.
4. Gestiono la mayoría de las situaciones de manera adecuada.
5. Gestiono muy bien estas situaciones.

▶ **10. ¿Cuál es mi nivel de compromiso conmigo mismo para adoptar un estilo de vida saludable y mantenerme alejado de las sustancias adictivas como mecanismo de regulación emocional?**

1. No tengo ningún compromiso.
2. Tengo poco compromiso.
3. Tengo cierto compromiso.
4. Tengo un compromiso sólido.
5. Tengo un fuerte compromiso.

Suma las puntuaciones de las preguntas y obtendrás un resultado entre 10 y 50.

Interpretación general de tu puntuación:

- **10-20.** Tienes pocas herramientas emocionales y es importante buscar apoyo y trabajar en el desarrollo de habilidades de regulación emocional.

- **21-30.** Tienes un nivel moderado de herramientas emocionales, pero aún puedes beneficiarte de fortalecer y ampliar tus habilidades.

- **31-40.** Tienes un nivel aceptable de herramientas emocionales y estás en un buen camino para manejar tus emociones sin recurrir a sustancias adictivas.

- **41-50.** Tienes un alto nivel de herramientas emocionales y una buena capacidad para regular tus emociones sin depender de sustancias adictivas.

AUTOCRÍTICA EXCESIVA

Este tipo de respuesta implica ser demasiado duro y crítico con uno mismo ante las emociones negativas.

En este caso, después de la discusión, Juan se siente profundamente culpable por haber elevado la voz y haber dicho cosas hirientes durante el conflicto. A pesar de que tú has tenido tu parte de responsabilidad en la discusión, Juan se culpa a sí mismo de manera desproporcionada por haber perdido la paciencia.

Se dice a sí mismo cosas como: «soy un terrible amigo, no debería haberme dejado llevar por la ira», «siempre arruino las cosas con mi temperamento», «no merezco tener buenas amistades si reacciono así». Se martiriza con pensamientos negativos sobre su propia valía y se siente avergonzado por su comportamiento.

La autocrítica excesiva de Juan le impide ver el conflicto desde una perspectiva más objetiva y compasiva. En lugar de aceptar que todos somos humanos y cometemos errores en nuestras relaciones, Juan se castiga y se juzga de manera implacable. Esta autocrítica solo aumenta su malestar emocional, debilita su autoestima y le dificulta encontrar una solución constructiva para resolver la situación con su amigo.

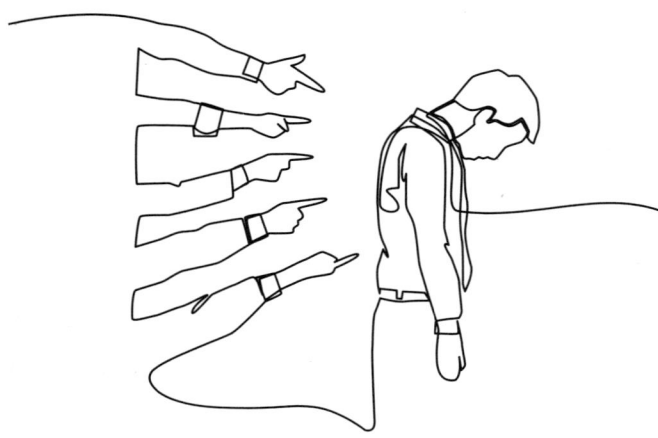

EJERCICIO: ¿ERES DEMASIADO AUTOCRÍTICO?

Compruébalo tú mismo realizando este ejercicio.

►1. Selección

Reflexiona sobre una situación reciente en la que hayas cometido un error o te hayas sentido insatisfecho contigo mismo.

Ejemplo. Imagina que cometiste un error en el trabajo al enviar un informe incompleto a tu jefe.

►2. Listado

Escribe una lista de pensamientos y creencias negativas que te vienen a la mente acerca de ti mismo en relación a esa situación. Sé honesto contigo mismo y anota cualquier crítica o juicio que puedas estar haciéndote.

Ejemplo. «Soy un completo incompetente por cometer este error», «nunca puedo hacer nada bien», «todos los demás son mucho más capaces que yo».

►3. Revisión y análisis

Luego, revisa cada pensamiento o creencia y pregúntate lo siguiente:

• ¿Este pensamiento es realista y basado en evidencias sólidas?

Ejemplo. Reconoces que todos cometemos errores en algún momento y que este error en particular no define tu valía como persona.

• ¿Estoy siendo demasiado duro conmigo mismo?

Ejemplo. Te das cuenta de que estás siendo demasiado duro contigo mismo, exagerando la magnitud del error y generalizando a otras áreas de tu vida.

• ¿Cómo podría ver esta situación desde una perspectiva más compasiva y realista?

Ejemplo. Tratas de ver la situación desde una perspectiva más realista y compasiva, reconociendo que los errores son oportunidades de aprendizaje y crecimiento.

►4. Reconocimiento

Ahora, reescribe cada pensamiento o creencia negativa de manera más objetiva y amable contigo mismo. Intenta encontrar una forma más equilibrada de abordar la situación y reconoce tus esfuerzos y aprendizajes.

Ejemplo. «Cometí un error en el informe, pero puedo corregirlo y aprender de esta experiencia», «tengo habilidades valiosas y también he tenido éxitos en el pasado», «cada persona tiene fortalezas y debilidades, y yo también tengo mis propias habilidades únicas».

►**5. Autoanálisis**

Observa cómo te sientes después de realizar este ejercicio. ¿Te sientes más aliviado, comprensivo o empático contigo mismo?

REDIRIGIR LA RESPUESTA EMOCIONAL A OTRO CONTEXTO

En este caso, tu amigo Juan se siente frustrado después de la discusión contigo y, en lugar de manejar esas emociones de manera adecuada, las descarga en su familia en casa.

Este desplazamiento puede causar conflictos innecesarios y dañar las relaciones personales. La persona puede generar tensiones y malentendidos en su entorno familiar, creando un ambiente negativo y estresante para todos.

A pesar de que su esposa y sus hijos no han tenido nada que ver con la discusión contigo, Juan comienza a criticarles y a expresar su frustración de manera desproporcionada. A su mujer le reprocha pequeñas cosas, como la forma en que ella organiza la casa o cómo cocina la cena. A sus hijos les reprende por no haber ordenado sus habitaciones o por hacer ruido mientras juegan. Ninguno de su familia entiende por qué están recibiendo ese trato tan injusto.

Es importante que Juan reconozca esta tendencia y busque estrategias adecuadas para manejar sus emociones, evitando involucrar a su familia en situaciones que no les corresponden y promoviendo un ambiente familiar saludable y respetuoso.

REFLEXIONA: MOMENTOS EN LOS QUE RECURRES AL DESPLAZAMIENTO EMOCIONAL

Te animo a responder honestamente a las siguientes preguntas, tomándote el tiempo necesario para reflexionar sobre tus respuestas:

►**1. ¿Has experimentado alguna vez emociones negativas intensas en una situación determinada?**

Ejemplo. Durante una discusión acalorada con el jefe en el trabajo, experimenté una profunda sensación de ira y frustración.

►**2. ¿Has sentido la necesidad de desquitarte o liberar esas emociones con personas o situaciones que no tienen relación directa con el origen de esas emociones?**

Ejemplo. Sí, después de la discusión en el trabajo, me sentí tan enfadado que llegué a casa y empecé a discutir con mi pareja sin ninguna razón aparente.

▶ **3. ¿Recuerdas algún momento en el que hayas dirigido tu ira, frustración o tristeza hacia alguien que no estaba involucrado en la situación original?**

Ejemplo. En otra ocasión, me sentí tan frustrado por un proyecto fallido en el trabajo que terminé desquitándome con un amigo durante una salida a cenar con él.

▶ **4. ¿Qué motivos crees que te llevaron a desplazar esas emociones hacia otras personas o situaciones?**

Ejemplo. Tal vez desplacé esas emociones porque no me sentía cómodo confrontando directamente a la persona que las provocó, o buscaba un desahogo emocional en un contexto más seguro.

▶ **5. ¿Qué consecuencias ha tenido el desplazamiento emocional en tus relaciones personales?**

Ejemplo. El desplazamiento emocional ha causado tensiones en mis relaciones, generando malentendidos y resentimientos innecesarios.

▶ **6. ¿Has notado algún patrón o tendencia en tu comportamiento en relación al desplazamiento emocional?**

Ejemplo. He notado que cuando me siento abrumado por una emoción negativa, tiendo a desahogarme con personas cercanas en lugar de enfrentar directamente la situación.

▶ **7. ¿Qué dificultades encuentras para enfrentar directamente las emociones en su origen?**

Ejemplo. A veces siento miedo de confrontar a las personas que causaron mis emociones negativas, o me preocupa el conflicto y sus posibles consecuencias.

▶ **8. ¿Has buscado alternativas saludables para manejar y regular tus emociones en lugar de recurrir al desplazamiento?**

Ejemplo. Sí, he comenzado a practicar técnicas de relajación, como la meditación y la respiración consciente, para manejar mis emociones de manera más saludable.

▶ **9. ¿Cómo crees que el desplazamiento emocional ha afectado a tu bienestar emocional y a tu capacidad para resolver conflictos de manera constructiva?**

Ejemplo. Ha afectado a mi bienestar emocional, generando más estrés y tensión en mi vida. Además, ha dificultado mi capacidad para resolver conflictos de manera constructiva, ya que evito enfrentar directamente las situaciones.

▶ **10. ¿Qué pasos puedes tomar para trabajar en el manejo saludable de tus emociones y evitar el desplazamiento en el futuro?**

Ejemplo. Estoy considerando buscar terapia o apoyo emocional para aprender mejores estrategias de manejo emocional y comunicación asertiva. También quiero practicar la autorreflexión y la conciencia emocional para identificar y abordar las emociones en su origen, en lugar de desplazarlas hacia otros contextos.

RESPONDER DE MANERA CONSTRUCTIVA

En lugar de hacer como si no hubiera pasado nada, puedes optar por enfrentar las emociones y abordar los problemas de manera constructiva. Es bueno reconocer tus emociones y las emociones de la otra persona. Puedes tomarte un tiempo para reflexionar sobre lo sucedido y considerar cómo puedes expresar tus sentimientos y preocupaciones de manera respetuosa y clara. Puedes buscar una conversación tranquila y abierta para hablar de los problemas y encontrar soluciones. Al regular tus emociones y enfrentar la situación, tienes la oportunidad de fortalecer la comunicación, resolver conflictos y mantener una relación más saludable y significativa a largo plazo.

La **regulación emocional** no significa suprimir o negar nuestras emociones, sino más bien aprender a gestionarlas de manera saludable para que nuestra vida sea equilibrada. Para ello, la regulación emocional busca que estemos relajados y esto supone que nos sintamos tranquilos o en estado de reposo. Para conseguir este estado de descanso podemos utilizar un conjunto de técnicas, las cuales suponen una suma de procedimientos que nos permiten trabajar sobre las emociones intensas y especialmente negativas como la ira, el estrés o la agresividad que nos llevan hacia un estado de excitación general y un alto nivel de activación fisiológica.

A continuación, te propongo un ejercicio de autoconocimiento para que consigas controlar tus emociones negativas.

TÉCNICA: AUTORREGULACIÓN

La autorregulación emocional es una técnica para controlar las emociones que requiere algo de práctica, sin embargo, es muy eficaz. Para lograr autorregularnos, debemos seguir los siguientes pasos:

►Paso 1

Detecta y apunta los momentos en los que pierdes el control.

Ejemplo. Estaba en una discusión acalorada con un amigo y he perdido el control, elevando la voz y sintiendo ira intensa.

►Paso 2

Cuando estés calmado, piensa en lo que desencadena la situación. ¿Qué estabas pensando cuando perdiste el control de tus emociones?

Ejemplo. Después de calmarme, reflexiono sobre la discusión y me doy cuenta de que estoy pensando en que mi amigo no me comprendía ni valoraba mis opiniones. Estos pensamientos desencadenaron mi pérdida de control emocional.

►Paso 3

Identifica los pensamientos desencadenantes antes de que deriven en emociones más difíciles de controlar.

Ejemplo. He identificado los pensamientos desencadenantes por los que he podido enfadarme: «no me está escuchando» o «siempre me menosprecia».

¿Has tenido problemas para manejar tus emociones? Si la respuesta es «sí», entonces es posible que no tengas estrategias suficientes para regular las emociones ante situaciones específicas.

IMPORTANCIA DE LA RESPIRACIÓN

Antes de eso, quiero que entiendas la importancia de tu respiración. La respiración es una función vital para la supervivencia y el funcionamiento de nuestro organismo. De hecho, no podríamos sobrevivir sin ella porque nos quedaríamos sin oxígeno. Además, la respiración desempeña un papel fundamental en la regulación de nuestras emociones y en nuestra respuesta al estrés. Aunque puede parecer algo automático y natural, la forma en que respiramos tiene un impacto significativo en nuestro estado emocional.

Cuando experimentamos emociones intensas como el miedo, la ansiedad o la ira, es común que nuestra respiración se vuelva rápida y superficial. Esto ocurre como parte de la respuesta de lucha o huida de nuestro cuerpo, preparándonos para hacer frente a una amenaza percibida. Sin embargo, esta forma de respirar puede agravar aún más nuestras emociones y generar un ciclo negativo.

Por otro lado, cuando nos encontramos en un estado de calma y relajación, nuestra respiración tiende a ser más lenta, profunda y regular. Esto envía señales al cerebro de que estamos seguros y en un entorno tranquilo, lo que puede ayudar a reducir la intensidad de las emociones negativas.

EJERCICIO: LA RESPIRACIÓN CONSCIENTE

Los ejercicios de respiración profunda y reflexiva ayudan a calmar el sistema nervioso y nos «reinician» en momentos de malestar.

Los ejercicios de respiración consciente que vamos a practicar a continuación te ayudarán a tomar conciencia de tu conexión cuerpo-mente.

- **Respiración profunda de vientre**

  ▶**1.** Siéntate cómodamente y permite que el vientre se relaje por completo.

  ▶**2.** Coloca una mano sobre tu vientre y una mano sobre tu corazón.

  ▶**3.** Al inhalar, respira desde el fondo de tu vientre y siente cómo se expande.

  ▶**4.** Al exhalar, nota la sensación de liberación cuando tu vientre baja.

  ▶**5.** Repite varias veces, respirando más profundamente a medida que avanzas.

- **Sopla las velas de cumpleaños**

  ▶**1.** Extiende la palma de tu mano frente a ti. Imagina que cada dedo es una vela de cumpleaños.

  ▶**2.** Inhala con una respiración profunda, y con una exhalación lenta, apaga las velas de cumpleaños una por una, bajando lentamente un dedo a la vez que exhalas.

  ▶**3.** Repítelo con la otra mano.

- **Respiración de abeja**

  ▶**1.** Imagina que eres una abeja zumbando.

  ▶**2.** Inhala profundamente por la nariz.

  ▶**3.** Con una exhalación lenta, zumba como una abeja. Coloca tus palmas alrededor de tus oídos para amplificar el sonido reconfortante y la vibración.

  ▶**4.** Repítelo.

- **Burbujas**

  ▶**1.** Empieza colocando las manos alrededor de la boca.

  ▶**2.** Respira profundamente por la nariz y comienza a exhalar lentamente por la boca, haciendo crecer las manos hacia afuera al mismo tiempo que exhalas, como si estuvieras inflando una enorme burbuja.

  ▶**3.** Repítelo.

ESTRATEGIAS PARA REGULAR LAS EMOCIONES

Las estrategias de control de emociones son herramientas y técnicas que nos permiten reconocer, comprender y modificar nuestras respuestas emocionales. Estas estrategias nos brindan la capacidad de mantener el equilibrio emocional, adaptarnos a las circunstancias y tomar decisiones conscientes, sin que las emociones desborden nuestra capacidad para poder manejarlas.

A lo largo de este apartado, exploraremos diversas técnicas que se enfocan en la autorregulación y la gestión saludable de lo que sentimos. Estas estrategias abarcan diferentes enfoques, desde acciones conductuales y cambios cognitivos hasta la comprensión y aceptación emocional.

Cada uno de nosotros puede encontrar un conjunto único de estrategias que se adapten mejor a su personalidad y estilo para afrontarlas. Al aprender y practicar estas técnicas, podrás desarrollar una mayor inteligencia emocional. ¡Comencemos!

LA ACTIVIDAD FÍSICA

La **actividad física** regular, como el ejercicio aeróbico, puede ayudarte a liberar endorfinas, mejorar tu estado de ánimo y reducir el estrés. También te brinda la oportunidad de socializar y conectar con otras personas. Participar en deportes de equipo, te permite interactuar con otros individuos que comparten intereses similares, lo que puede mejorar tu sensación de pertenencia y apoyo social.

Es importante destacar que la actividad física no tiene que ser intensa o extenuante para beneficiar nuestras emociones. Realizar actividades como caminar, correr, practicar yoga o cualquier otro ejercicio del que disfrutes, puede ser beneficioso para regular tus emociones.

EJERCICIO: TÉCNICAS DE YOGA

El yoga es una práctica milenaria que ha sido utilizada durante siglos como una forma de mejorar la salud física, mental y espiritual. Hay muchos asanas en el yoga, cada uno con su propio nombre y nivel de dificultad. En este caso te propongo hacer algunos de los más comunes. Para ello, elige un momento del día, un lugar tranquilo y luminoso, ropa cómoda, una esterilla, una manta pequeña y algún cojín mullido para cuando toque relajarse.

• **Saludo namasté**

►**1.** De pie, con las piernas separadas al ancho de tus caderas, al inhalar junta tus manos al frente del pecho y cierra los ojos imaginando que saludas con una hermosa sonrisa a quienes te rodean.

►**2.** Permanece en esta postura durante diez respiraciones largas y profundas.

►**3.** Luego, abre los ojos y vuelve a repetir tres veces.

• **La vela**

►**1.** Estás acostado sobre la espalda, las piernas juntas y los brazos a lo largo del cuerpo. Levantas y estiras las piernas hasta arriba y después elevas los glúteos y la espalda.

►**2.** Colocas las manos en la parte baja de la espalda, con los codos apoyados en el suelo.

►**3.** Las piernas permanecen estiradas por completo y respiras profundamente.

►**4.** Eres una vela en la oscuridad.

►**5.** Ahora, deshaces la postura suavemente y colocas las piernas en el suelo, con los brazos a lo largo del cuerpo.

• **El árbol**

►**1.** Estás de pie, recto como un árbol.

►**2.** Tus pies se apoyan firmemente sobre el suelo.

►**3.** Los brazos están relajados a ambos lados del cuerpo, como ramas. Respiras con calma, eres como un árbol mecido por el viento.

►**4.** Ahora te paras.

►**5.** Juntas las manos delante del corazón.

►**6.** Buscas un punto delante de ti en el que fijarte.

▶**7.** Te apoyas en una pierna.

▶**8.** Levantas la otra pierna y colocas la planta del pie contra el muslo de la pierna que está apoyada.

▶**9.** Permaneces en equilibrio, respiras poco a poco y, por último, apoyas el pie en el suelo.

• **La estrella**

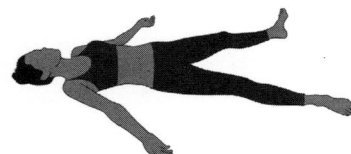

▶**1.** Estás acostado sobre la espalda.

▶**2.** Las piernas y los brazos están ligeramente separados y las manos abiertas mirando hacia arriba.

▶**3.** Eres una estrella de mar plantada en la arena.

▶**4.** Los ojos están cerrados, los brazos y las piernas están estirados.

▶**5.** Te concentras en tu respiración. Permaneces relajado.

▶**6.** A continuación, mueves suavemente los dedos de las manos y de los pies.

▶**7.** Estiras los brazos y las piernas.

▶**8.** Giras hacia un lado y te sientas con las piernas cruzadas.

• **La cobra**

▶**1.** Estás estirado sobre el vientre y con la frente apoyada en el suelo.

▶**2.** Las manos están colocadas a la altura del pecho y los dedos apuntan hacia delante.

▶**3.** Las piernas están juntas y los pies estirados hacia atrás.

▶**4.** Inspiras y levantas la cabeza como una cobra.

▶**5.** Empujas suavemente con los brazos, notas que la espalda se hunde ligeramente.

▶**6.** Mantienes los brazos totalmente extendidos hacia delante. Respiras varias veces en esta posición.

▶**7.** Ahora, doblas los brazos y vuelves a bajar poco a poco.

▶**8.** Apoyas la frente en el suelo.

• **El puente**

▶**1.** Estás acostado sobre la espalda, con los brazos a lo largo del cuerpo y las piernas estiradas.

▶**2.** Acercas los pies hacia los glúteos lo máximo posible y los mantienes separados. Te levantas un poco, como si fueras un puente.

▶**3.** Respiras profundamente y te imaginas el agua del arroyo que discurre por debajo.

▶**4.** Muy suavemente, vuelves a bajar deshaciendo la postura, empezando primero por la parte alta de la espalda, luego la parte baja y, por último, los glúteos. Recuperas la posición inicial.

• **El loto**

▶**1.** Estás sentado con las piernas cruzadas. La cabeza y la espalda las mantienes bien rectas.

▶**2.** Las manos descansan sobre las rodillas, abiertas y con las palmas hacia arriba, mirando hacia el cielo.

▶**3.** Los ojos están cerrados. Te concentras en tu respiración.

▶**4.** Inspiras aire profundamente por la nariz y luego espiras poco a poco.

▶**5.** Colocas las manos sobre el vientre para sentir tu respiración.

▶**6.** Notas cómo se hincha y cómo se vacía. Piensas en el momento presente.

▶**7.** Todo está en calma en tu interior, y también en el exterior.

TÉCNICAS DE RELAJACIÓN

Las técnicas de relajación son herramientas efectivas para regular nuestras emociones y promover un estado de calma y bienestar mental. Estas técnicas nos permiten reducir el estrés, aliviar la ansiedad y mejorar nuestra capacidad para hacer frente a situaciones desafiantes. Entre ellas podemos encontrar la **relajación muscular progresiva**, la **respiración profunda** y la **meditación.**

TÉCNICA: RELAJACIÓN MUSCULAR PROGRESIVA

Todas las técnicas que hoy en día se utilizan para trabajar los estados emocionales nocivos empiezan a adquirir su estructura a partir de la **relajación muscular progresiva.** Esta es una técnica de tratamiento del estrés desarrollada por **Edmund Jacobson** a principios de los años veinte. Para que esta técnica sea eficaz, requiere entrenamiento previo. ¿Quieres probar?

Se debe empezar centrando la atención en la relajación de brazos y manos en la primera sesión. En las siguientes sesiones se va incorporando de manera progresiva la cabeza, el cuello, los hombros, el pecho, la espalda, el estómago y, por último, las piernas. Este orden se podrá cambiar según tus necesidades.

Una vez se trabaja un grupo muscular se puede pasar al otro y siempre utilizando las mismas instrucciones dirigidas para notar las diferencias ente la tensión y distensión de los músculos.

Cuando ejercites todos los grupos musculares puedes pasar a la segunda fase en la que se aplicará la relajación, pero no la tensión previa.

Como consejo, es mejor utilizar esta técnica por la noche, antes de dormir. Debes estar cómodo y ligeramente incorporado: en un sofá o en la cama (con una almohada en la espalda). Mantén los ojos cerrados.

Las primeras instrucciones han de estar enfocadas en crear un clima y ambiente de tranquilidad: «te sientes cómodo y relajado». Después, ya podrás ir introduciendo instrucciones más concretas.

Centra tu atención en las secuencias de tensión y relajación muscular, mantén la tensión durante cinco segundos (toma aire) y después relaja la zona durante diez segundos (suelta el aire). Practica el ejercicio durante 10-20 minutos. Cuando todos los grupos musculares estén relajados, centra la atención en un pensamiento agradable. Vuelve gradualmente a tu estado de alerta conservando la sensación de relajación.

Hazlo en este orden:

▶ 1. Piernas

Tensa la pierna derecha y arquea el pie derecho hacia delante y hacia detrás. Ejerce la máxima tensión en los glúteos, el muslo, la rodilla, los gemelos y el pie. Relaja lentamente y vuelve a la posición inicial. Céntrate, después, en la sensación de relajación, respira normal y deja los músculos de la pierna flojos y relajados. Nota la diferencia entre tensión y relajación. Repite la misma secuencia con la otra pierna.

▶ 2. Brazos

Estira un brazo y ténsalo tanto como puedas manteniendo el puño cerrado. Ejerce tensión sobre todo el brazo, desde tu mano hasta tu hombro. Nota la tensión en el bíceps, en el antebrazo, en la muñeca y en los dedos. Gradualmente, relaja y baja el brazo hasta donde lo apoyes. Céntrate, después, en la sensación de relajación, respira normal y deja los músculos de los brazos flojos, relajados, sin tensión. Nota la diferencia entre tensión y relajación. Repite la secuencia con el otro brazo.

▶ 3. Pecho

Tensiona el pecho, contén el aire; intenta hacerlo como si quisieras reducir los pulmones. Nota dónde sientes la tensión, hacia la mitad del tórax y en cada uno de los lados de tu pecho. Relájate gradualmente al expulsar el aire. Céntrate, después, en la sensación de relajación, respira normal y deja los músculos del pecho flojos, relajados y sin tensión. Nota la diferencia entre tensión y relajación.

▶ 4. Hombros

Inclina el cuerpo hacia adelante. Levanta los brazos, pon los codos hacia atrás y hacia arriba hasta llegar a la espalda, y arquea la espalda hacia adelante. Comprueba dónde notas la tensión, desde los hombros hasta la mitad de la espalda. Relaja gradualmente los músculos, tira el cuerpo hacia atrás y busca la posición inicial. Céntrate, después, en la sensación de relajación, deja los músculos de los hombros y la espalda flojos, relajados, sin tensión. Nota la diferencia entre tensión y relajación.

▶ 5. Cara

Cierra los ojos haciendo mucha fuerza. Tienes que sentir la tensión en la zona que rodea los ojos. Pon especial atención en las zonas más tensas. Relaja los músculos de los ojos lentamente y vuelve a la posición inicial. Céntrate, después, en la sensación de relajación, deja los músculos de los ojos flojos, relajados y sin tensión.

Una vez que hayas relajado todos los músculos de tu cuerpo, imagina que te encuentras en un lugar pacífico y relajante, por ejemplo, en una playa escuchando el sonido de las olas. Cualquiera que sea el lugar que elijas, imagínate totalmente sosegado y calmado.

Recuerda que las estrategias conductuales pueden variar dependiendo de la persona y la situación. Prueba diferentes técnicas y observa cuáles funcionan mejor para ti. Además, si tus emociones son difíciles de manejar o persisten durante un período prolongado, es importante buscar apoyo de un terapeuta u otro profesional de la salud mental.

TÉCNICA: RESPIRACIÓN PROFUNDA Y CONSCIENTE

Continuemos con la **respiración profunda.** Esta es una herramienta accesible y poderosa que podemos utilizar en cualquier momento para regular nuestras emociones y promover nuestra salud y bienestar.

Es bueno aprender a respirar correctamente porque este gesto tan simple te ayudará a eliminar los bloqueos emocionales que vas acumulando y alcanzar el bienestar. Esta técnica de control emocional es muy fácil de aplicar y, además, es muy útil para controlar las reacciones fisiológicas antes, durante y después de enfrentarse a las situaciones emocionales que son muy intensas.

Es apropiado que practiques esta actividad una vez al día durante 10 o 15 minutos. Una vez que lo hayas dominado, y te sirva como paso previo a otro ejercicio, basta que lo hagas entre tres y cinco minutos. Los pasos a seguir son los siguientes:

▶ **Paso 1**
Siéntate en un lugar silencioso y en penumbra, donde estés a gusto. Mantén la espalda recta para evitar dormirte.

▶ **Paso 2**
Explora lo que sientes en tu cuerpo: el contacto de la espalda baja con el asiento, o la sensación de tus pies en contacto con el suelo.

▶ **Paso 3**
Respira con normalidad y centra tu atención en el pecho y el abdomen. Comprueba la capacidad de tu caja torácica. ¿Eres capaz de llenarla por completo de aire?

▶ **Paso 4**
Respira cada vez más lento.

▶ **Paso 5**
Inspira mientras cuentas hasta cinco.

▶ **Paso 6**
Contén la respiración mientras cuentas hasta tres.

▶ **Paso 7**
Espira mientras cuentas hasta cinco.

▶ **Paso 8**
La sensación de estar relajado se extiende por todo tu cuerpo. Percibe su intensidad.

TÉCNICA: EJERCICIOS DE MEDITACIÓN

Por último, la **meditación** te ayudará a centrarte en un solo pensamiento. Esta técnica te puede ayudar a recuperar esa práctica en la que la mente atiende y observa con claridad sin perderse en la locura de la vida diaria. Se ha demostrado que, además de la mejora del bienestar emocional, tiene muchos beneficios, como la reducción del estrés y la ansiedad, entre otros.

No juzgues tu habilidad para meditar; la meditación lleva práctica. Si estás meditando para calmar la mente y tu atención se distrae, lentamente vuelve al objeto, la sensación o el movimiento en que estás concentrándote.

Te animo a que experimentes, y probablemente descubrirás qué tipos de meditación son mejores para ti y con cuáles disfrutas. Adapta la meditación a lo que necesites en ese momento. Recuerda, no hay una manera correcta ni una incorrecta para meditar. Lo que importa es que la meditación te ayude a reducir el estrés y a sentirte mejor en general.

Existen muchas formas de meditar, en este caso te propongo algunos ejercicios para que puedas practicar:

- **Explora tu cuerpo.** Con este ejercicio se intenta entrar en contacto con nuestro cuerpo tal y como es, sin juzgar, sin rechazar las sensaciones desagradables ni apegarnos a las agradables. Este ejercicio de reconocimiento del cuerpo es relajante y revitalizante. Poner atención en aquellas partes olvidadas de nuestra anatomía genera vínculos entre el cuerpo y la mente. Para hacerlo:

  ►**Paso 1**
  Busca un lugar tranquilo, y preferiblemente con poca luz, y túmbate en el suelo sobre una esterilla cómoda.

▶**Paso 2**

Respira profundamente y procura percibir todo lo que hay a tu alrededor, alejándote de los pensamientos que se forman en la mente.

▶**Paso 3**

Concéntrate en cada una de las partes de tu cuerpo, de abajo a arriba: empieza por los dedos de los pies y sigue por los tobillos, las rodillas, los muslos, el tórax, los brazos, el cuello hasta la cabeza. Detente en cada una de ellas durante cinco respiraciones lentas y profundas. Solo debes ser consciente de esa parte del cuerpo mientras la respiración sigue su curso.

▶**Paso 4**

Cualquier pensamiento o sensación negativa déjala estar y no la analices, no la juzgues. Así se irá por sí misma.

▶**Paso 5**

Si quieres, puedes repetir el proceso en sentido inverso, desde la cabeza hasta los dedos de los pies.

• **Visualízalo en tu mente.** Este ejercicio puedes realizarlo sentado, tumbado o incluso de pie. Con los ojos cerrados y con la atención puesta en tu respiración, debes plantearte un objetivo o meta a perseguir.

A continuación, poco a poco vas a ir planteándote si realmente consideras deseable ese objetivo para, a continuación, valorar si llegar a él te produciría bienestar, si los beneficios a alcanzar superan los costes y dificultades y si tienes los medios para alcanzarlo. Finalmente, plantéate de nuevo si el objetivo sigue siendo deseable.

Si el resultado es positivo, esto va a fortalecer tu voluntad y el esfuerzo para alcanzarlo a la vez que sentirás tu objetivo como válido, mientras que, en caso contrario, podrás reorientar tus esfuerzos hacia la consecución de nuevas metas más realistas.

• **Medita en movimiento.** Aunque no lo creas, es posible meditar en movimiento, aunque pueda ser más complicado concentrarse.

Te recomiendo que lo hagas estando en contacto con la naturaleza, ya sea en la playa, en la montaña o en el campo. Se trata de pasear mientras te focalizas en las sensaciones que vas sintiendo en ese momento: el sol, la brisa, el agua en tu piel si está lloviendo, el movimiento de tus músculos mientras te mueves y las emociones que todo esto despierta en ti.

- **Meditación *metta bhavana*.** Este tipo de meditación se centra en cultivar el amor y las emociones positivas.

    ▶ **Paso 1**
    En primer lugar, debes sentarte y prestar atención al cuerpo, relajando cada músculo lo mejor posible.

    ▶ **Paso 2**
    Una vez hecho esto, tienes que focalizar las sensaciones emocionales, dirigiendo la atención hacia el corazón e intentando discernir las emociones que sientes en ese momento. Es necesario que las aceptes todas, tanto si son positivas como negativas. Se recomienda tratar de sonreír mientras se hace, de cara a observar posibles cambios en las emociones sentidas.

    ▶ **Paso 3**
    Posteriormente, intenta atraer emociones positivas. Para ello, puedes emplear frases que te den sensación de paz, amor o positividad.

    Este ejercicio debes llevarlo a cabo pensando, en primer lugar, en uno mismo; luego en un amigo; a continuación, en una persona que no valoremos ni bien ni mal; posteriormente en alguien con quien tengamos conflictos; y finalmente en el conjunto de los seres vivos. Se trata de identificar las sensaciones e intentar propiciar las buenas, aun aceptando y no juzgando ni limitando las malas. Tras ello, poco a poco se vuelve al mundo exterior.

- **La contemplación dinámica.** Este ejercicio se basa en la contemplación de lo que somos capaces de observar. Para hacerlo:

    ▶ **Paso 1**
    Debes encontrar una posición cómoda en la que poder relajarte, para cerrar los ojos durante unos minutos, centrado en la respiración.

    ▶ **Paso 2**
    Una vez hecho esto, abre los ojos y echa un breve vistazo a lo que ocurre y hay a tu alrededor.

    ▶ **Paso 3**
    Vuelve a cerrar los ojos y reflexiona sobre qué has visto, qué diferentes estímulos que te rodean has percibido. Por ejemplo, un perro, un familiar preparándose para ir al trabajo, una ventana abierta de tu casa a través de la cual se ve un pájaro… Una vez repasados los estímulos que has visto, permanece en silencio durante unos minutos.

- **Medita en el agua.** Esta técnica se puede hacer en una bañera o en una piscina. Se trata de que focalices la atención en la relación de tu propio cuerpo con el agua mientras te centras en la respiración, notando las sensaciones que provoca y los límites entre la parte sumergida del cuerpo y la que está en el exterior. Puedes intentar visualizar cómo el agua se lleva la tensión y las malas sensaciones.

- **Meditación de amor bondadoso.** La meditación de amor bondadoso, también conocida como «metta meditación» en la tradición budista, es una práctica que busca cultivar sentimientos de amor, amabilidad y compasión hacia uno mismo y hacia los demás. Debes seguir estos pasos:

  ►**Paso 1**

  Encuentra un lugar tranquilo y cómodo donde puedas sentarte sin distracciones. Puedes cerrar los ojos o mantenerlos entreabiertos, como te resulte más cómodo.

  ►**Paso 2**

  Comienza llevando tu atención a tu respiración. Toma algunas respiraciones profundas para relajarte y centrarte en el momento presente.

  ►**Paso 3**

  Ahora, empieza a generar pensamientos de amor y bondad hacia ti mismo. Puedes repetir mentalmente frases como «que estés seguro, que estés feliz, que estés en paz» o encontrar tus propias palabras que te inspiren amor y aceptación hacia ti mismo.

  ►**Paso 4**

  Mientras repites estas frases, trata de conectar con el sentimiento de amor y bondad. Imagina que te envuelves en una cálida luz de amor y aceptación. Permite que este sentimiento te inunde y se expanda por todo tu ser.

  ►**Paso 5**

  A medida que te sientas cómodo con la práctica de amor hacia ti mismo, puedes comenzar a extender ese sentimiento hacia los demás. Puedes dirigir tu amor y bondad hacia personas cercanas a ti, seres queridos, amigos e incluso hacia personas con las que tienes dificultades o hacia la humanidad en su conjunto.

  ►**Paso 6**

  Visualiza a la persona o grupo de personas hacia quien diriges tu amor bondadoso. Repite las mismas frases que usaste para ti mismo, adaptándolas a la otra persona o grupo. Por ejemplo, puedes decir: «que estés seguro, que estés feliz, que estés en paz».

▶ Paso 7

Continúa repitiendo estas frases de amor bondadoso y cultivando sentimientos de compasión y amabilidad hacia ti mismo y hacia los demás durante unos minutos, el tiempo que desees o el que hayas establecido para tu práctica.

Recuerda que la meditación de amor bondadoso es una práctica de cultivo gradual y constante. Cuanto más la practiques, más profundizarás en el sentimiento de amor y compasión y más beneficios experimentarás en tu bienestar emocional y en tus relaciones con los demás.

LOS HÁBITOS DE SUEÑO

Ahora, te hago una pregunta, ¿llevas hábitos de sueño saludables en tu vida? Mantener un buen patrón de sueño puede tener un impacto significativo en tus emociones. Dormir poco hace que te sientas malhumorado, desanimado o incapaz de controlar emociones negativas. Intenta establecer una rutina de sueño regular, crea un ambiente propicio para dormir y evita las distracciones antes de acostarte. Descansar adecuadamente te puede ayudar a equilibrar tus emociones.

CUESTIONARIO: ¿CUÁLES SON TUS HÁBITOS DE SUEÑO?

Responde a las siguientes preguntas y recuerda que este cuestionario es solo una guía y no reemplaza el consejo de profesionales:

►1. ¿Cuántas horas duermes de promedio cada noche?

    a. Menos de 6 horas.
    b. Entre 6 y 8 horas.
    c. Más de 8 horas.

►2. ¿Cuál es tu rutina antes de ir a dormir?

    a. Uso mi teléfono, tableta u ordenador o veo la TV.
    b. Leo un libro o una revista.
    c. Realizo actividades relajantes, como tomar un baño caliente o practicar meditación.

►3. ¿Sueles establecer una hora fija para acostarte y levantarte?

    a. No, mi horario de sueño varía mucho.
    b. Sí, trato de mantener un horario regular, pero a veces me despisto y no lo consigo.
    c. Sí, tengo una hora establecida para acostarme y despertarme todos los días.

►4.¿Tienes un ambiente propicio para dormir en tu habitación?

    a. No, mi habitación no es adecuada para dormir (ruido, luz, temperatura inadecuada, etc.).
    b. Sí, mi habitación está relativamente tranquila y oscura.
    c. Sí, he creado un ambiente óptimo para el sueño con cortinas opacas, un colchón cómodo y una temperatura adecuada.

►5.¿Consumes cafeína o bebidas energéticas antes de acostarte?

    a. Sí, regularmente consumo cafeína o alguna bebida energética antes de dormir.
    b. A veces, pero trato de evitarlo.
    c. No, evito consumir cafeína o cualquier tipo de bebida energética antes de dormir.

►6. ¿Realizas ejercicio físico regularmente?

    a. No, no hago ejercicio físico regularmente.
    b. A veces, pero no de forma constante.
    c. Sí, hago ejercicio físico de forma regular (al menos tres veces por semana).

▶7. ¿Sufres de insomnio u otros trastornos del sueño?

    a. Sí, con frecuencia tengo problemas para conciliar el sueño o me despierto varias veces durante la noche.
    b. A veces, pero no es algo habitual.
    c. No, duermo bien y no tengo problemas para conciliar el sueño.

▶8. ¿Utilizas dispositivos electrónicos en la cama?

    a. Sí, uso mi teléfono, tableta o computadora en la cama antes de dormir.
    b. A veces, pero trato de evitarlo.
    c. No, evito usar dispositivos electrónicos en la cama.

▶9. ¿Te sientes descansado y revitalizado al despertar por la mañana?

    a. No, me siento cansado y somnoliento al despertar.
    b. A veces me siento descansado, pero otras veces no.
    c. Sí, me siento descansado y enérgico al despertar.

▶10. ¿Buscas ayuda profesional si tienes problemas crónicos de sueño?

    a. No, nunca busco ayuda profesional.
    b. A veces, dependiendo de la gravedad de los problemas.
    c. Sí, siempre busco ayuda de un profesional si tengo problemas crónicos de sueño.

Puntuación: suma 2 puntos por cada respuesta c, 1 punto por cada respuesta b y 0 puntos por las respuestas a.

- **Puntuación alta: 18-20 puntos.** Significa que tienes buenos hábitos de sueño y estás siguiendo prácticas saludables para promover un sueño de calidad.

- **Puntuación media: 11-17 puntos.** Indica que tienes algunos hábitos de sueño saludables, pero podría haber margen de mejora. Es posible que haya áreas en las que puedas hacer ajustes para optimizar la calidad de tu sueño.

- **Puntuación baja: 0-10 puntos.** Señala que tienes hábitos de sueño poco saludables y es probable que estés experimentando dificultades para conciliar el sueño o tener un sueño reparador. Es importante tomar medidas para mejorar tus hábitos de sueño y buscar ayuda si experimentas problemas crónicos de sueño.

ETIQUETAR TUS EMOCIONES

Como has podido comprobar a lo largo de los capítulos anteriores, el primer paso para regular tus emociones es ser consciente de lo que estás sintiendo en un momento dado. Presta atención a tus emociones y sé capaz de identificarlas y etiquetarlas adecuadamente.

EJERCICIO: ETIQUETA TUS EMOCIONES

El objetivo de este ejercicio no es suprimir o cambiar tus emociones, sino simplemente observarlas y aceptarlas tal como son. Al etiquetar tus emociones, podrás desarrollar una mayor conciencia y control sobre ellas, lo que a su vez puede ayudarte a regular tus respuestas emocionales en situaciones cotidianas.

►**1. Entorno**
Encuentra un lugar tranquilo donde puedas sentarte cómodamente. Cierra los ojos y lleva tu atención a tu respiración, tomando unas respiraciones profundas para relajarte.

►**2. Enfoque**
A medida que te sientas más centrado, comienza a prestar atención a las sensaciones y emociones que surgen en tu cuerpo y mente. Sin juzgar, simplemente observa cómo te sientes en este momento.

►**3. Identificación**
Las emociones van surgiendo. Identifica ahora una palabra o una frase breve que describa esa emoción. Por ejemplo, si sientes alegría, puedes etiquetarla como «alegría» o «felicidad». Si sientes tristeza, puedes etiquetarla como «tristeza» o «pesar».

►**4. Trabajo mental**
Repite mentalmente la etiqueta de la emoción mientras la observas. Por ejemplo, si te sientes enfadado, di en tu mente «enfado» mientras continúas observando esa emoción sin juzgarla ni tratar de cambiarla.

►**5. Reconocimiento**
Permítete sentir profundamente esa emoción etiquetada durante unos momentos. Reconoce que la emoción es parte de tu experiencia humana y que está bien sentirla.

▶6. Autopercepción

Con suavidad, vuelve tu atención a tu respiración y a la sensación de tu cuerpo en el presente. Observa si la emoción etiquetada cambia o se desvanece lentamente.

▶7. Repetición

Repite este proceso a medida que surjan diferentes emociones. Según vayas practicando, es posible que te resulte más fácil identificar y etiquetar tus emociones de manera rápida y precisa.

EL *MINDFULNESS*

El *mindfulness*, o atención plena, es una práctica que consiste en prestar atención de manera consciente, y sin juzgar, al momento presente. Implica dirigir nuestra atención a las sensaciones, pensamientos y emociones que surgen en el presente, sin quedar atrapados en el pasado o preocupados por el futuro. Esta práctica consiste en centrar la atención en el «aquí» y «ahora», y aunque en teoría parece sencillo, implica gran concentración.

Esta técnica se ha utilizado durante siglos en las tradiciones de meditación orientales, y en los últimos años ha ganado popularidad en el ámbito de la psicología y el bienestar. Se ha demostrado que esta práctica tiene numerosos beneficios para la salud mental y emocional.

Observa tus pensamientos y emociones sin reaccionar emocionalmente ante ellos. ¿Quieres probar?

EJERCICIO: TÉCNICAS DE *MINDFULNESS*

El objetivo de estos ejercicios es ser consciente de lo que está sucediendo en el momento presente, ya sea en tu cuerpo, mente o entorno.

- **Observa y dibuja.** Practica cuando vayas en tren o autobús, pues es un buen momento para hacer este ejercicio de meditación y atención plena, ya que se suele disponer de mucho tiempo libre.

  ### ▶Paso 1

  Practica, con los ojos cerrados, la respiración consciente durante unos minutos.

  ### ▶Paso 2

  Abre los ojos y contempla el paisaje por la ventanilla, sin abandonar la respiración consciente.

►**Paso 3**

Primero fíjate en el conjunto y luego, poco a poco, detente a observar los detalles más insignificantes que pueden pasar desapercibidos: los colores, la forma de las hojas de los árboles o de las nubes, entre otros.

►**Paso 4**

Sé consciente de los pensamientos y los sentimientos que te generan. Señala cuáles son: asombro, alegría curiosidad, aburrimiento, impaciencia, neutralidad, somnolencia, etc.

►**Paso 5**

Dibuja el paisaje en un cuaderno, mientras continuas con la respiración consciente.

- **El desayuno *mindfulness*.** Esta técnica te ayudará a encarar el día de otra manera. Para ello, es necesario que te sientes en un lugar tranquilo y que apagues el televisor para que estés en silencio. También debes tener el móvil lejos. Se trata de no tener distracciones.

  Cuando te dispongas a desayunar, intenta centrar tu atención en los sabores, los olores, el tacto de los alimentos o la bebida: siéntelos. De esta manera, estarás con la atención en el momento presente. Verás qué diferencia. Afrontarás el día desde una mejor perspectiva, apoyada en «emociones positivas».

- **Atento a los sonidos.** Esta técnica consiste en observar de manera consciente los sonidos que ocurren a tu alrededor. Por tanto, se trata de permanecer a la escucha, de oírlos tal como suenan sin tratar de identificarlos, juzgarlos como agradables o desagradables o pensar sobre ellos.

  Evidentemente, al escuchar sonidos que entran por nuestros oídos, surgen pensamientos y sentimientos relacionados con lo que estamos oyendo, por lo que este ejercicio trata de conocer el silencio y el sonido de forma no conceptual, es decir, sin pensar, solo observándolo.

- **La escalera emocional.** Esta técnica se utiliza para ayudar a regular y comprender las emociones. Para hacerlo, hay que seguir los siguientes pasos:

  ►**1. Prepárate.**

  Encuentra un lugar tranquilo donde puedas sentarte cómodamente sin ser interrumpido como, por ejemplo, tu habitación o un rincón silencioso. Siéntate en una silla cómoda o en un cojín en el suelo. Puedes cerrar los ojos si te sientes más cómodo, pero también puedes mantenerlos abiertos si lo prefieres.

▶ 2. Toma conciencia de tu respiración

Comienza haciendo unas cuantas respiraciones profundas para relajarte. Luego, enfoca tu atención en tu respiración natural, sin intentar cambiarla. Observa cómo el aire entra y sale de tu cuerpo, prestando atención a las sensaciones físicas que acompañan a cada inhalación y exhalación.

▶ 3. Identifica tus emociones

Ahora, lleva tu atención a tus emociones presentes. Observa cómo te sientes en este momento. Puede ser útil nombrar las emociones que estás experimentando, como alegría, tristeza, ira, miedo, etc. No juzgues las emociones, simplemente reconócelas y obsérvalas.

Ejemplo. Te das cuenta de que te sientes ansioso debido a una situación estresante en el trabajo.

▶ 4. Visualiza la escalera emocional

Imagina una escalera frente a ti, con varios peldaños. Cada peldaño representa una emoción, desde emociones más negativas en la parte inferior, hasta emociones más positivas en la parte superior.

Ejemplo. En la parte inferior de la escalera visualiza un peldaño que representa la ansiedad y, en la parte superior, un peldaño que representa la calma y la tranquilidad.

▶ 5. Explora tus emociones

A medida que te desplazas mentalmente por la escalera, pregúntate a ti mismo en qué peldaño te encuentras en este momento. Observa cómo se siente esa emoción en tu cuerpo y qué pensamientos o imágenes surgen en tu mente al evocar esa emoción. Permítete experimentarla plenamente sin aferrarte o rechazarla.

Ejemplo. Pregúntate a ti mismo: «¿en qué peldaño me encuentro en este momento?». Si te das cuenta de que estás en el peldaño de la ansiedad, observa cómo se siente esa emoción en tu cuerpo. Puede que notes un nudo en el estómago y pensamientos acelerados sobre las tareas pendientes.

▶ 6. Sube o baja por la escalera

Si te encuentras en un peldaño emocional más bajo y te sientes incómodo, respira conscientemente y visualiza que subes un peldaño hacia una emoción más neutral o positiva. Observa cómo cambia tu experiencia emocional al hacerlo.

Ejemplo. Imagina subir un peldaño hacia la calma y la tranquilidad. A medida que subes, puedes notar que tu respiración se vuelve más lenta y profunda, y que los pensamientos ansiosos comienzan a disminuir.

▶ 7. Cultiva la aceptación y la compasión

A lo largo del ejercicio, recuerda practicar la aceptación y la compasión hacia ti mismo y tus emociones. Reconoce que las emociones son parte de tu experiencia humana y que todas ellas son válidas. No te juzgues por sentir de cierta manera.

Ejemplo. Reconoce que la ansiedad es una emoción natural y que no hay nada malo en sentirla. Permítete experimentarla plenamente, pero también recuerda que tienes la capacidad de elegir cómo responder a ella.

▶ 8. Finaliza con gratitud

Cuando hayas explorado tus emociones y te sientas listo para concluir, agradece el tiempo que te has tomado para practicar la escalera emocional de *mindfulness*. Toma una o dos respiraciones profundas y, lentamente, vuelve a tu entorno con atención plena.

REEVALUACIÓN COGNITIVA

Otra técnica es la llamada **reevaluación cognitiva.** Consiste en examinar los pensamientos y creencias subyacentes que contribuyen a tus emociones negativas. Cuestiona tus pensamientos y busca evidencias que los respalden o los refuten. Intenta buscar perspectivas alternativas o más realistas.

TÉCNICA: DETÉN EL PENSAMIENTO

Esta técnica puedes utilizarla antes, durante o después de la situación que te causa problemas. Concretamente, te centrarás en el **control del pensamiento.** Para ponerla en práctica debes seguir los siguientes pasos:

▶ Paso 1

Cuando te empieces a encontrar incómodo, nervioso o alterado, préstale atención al tipo de pensamientos que estás teniendo e identifica todos aquellos con connotaciones negativas como, por ejemplo, los que se centran en el fracaso, en el odio hacia otras personas o en la culpabilización, entre otros. Te das cuenta de que estás pensando cosas como: «seguro que voy a arruinarlo» o «nunca podré manejar la presión». Al reconocer estos pensamientos negativos, observas con claridad que están contribuyendo a tu malestar emocional.

▶ Paso 2

En el momento en que te das cuenta de esos pensamientos negativos, te dices a ti mismo de manera firme y decidida: «¡Basta! No voy a permitir que estos pensamientos negativos me controlen». Esta frase corta y enérgica te ayuda a interrumpir la espiral de pensamientos negativos y a tomar el control de tu mente.

▶ Paso 3

Una vez que has detenido los pensamientos negativos, es el momento de reemplazarlos por otros más positivos y realistas. Por ejemplo, puedes decirte a ti mismo: «Estoy preparado y he trabajado duro para esta presentación. Confío en mis habilidades y estoy dispuesto a aprender y crecer, sin importar el resultado». Estos pensamientos positivos te ayudan a generar confianza y calma en lugar de ansiedad y autocrítica.

EL USO DEL RAZONAMIENTO

El razonamiento juega un papel importante en la regulación de emociones, ya que te posibilitará analizar y comprender tus emociones desde una perspectiva lógica y objetiva. A través del razonamiento, podrás evaluar la situación de manera más amplia y considerar diferentes puntos de vista, y, así, generar respuestas emocionales más equilibradas y adaptadas.

EJERCICIO: RAZONA TU PENSAMIENTO

Consiste en analizar uno a uno los pensamientos que te producen malestar emocional y razonarlos de manera lógica. A continuación, te muestro cómo hacerlo en tres pasos sencillos:

▶ Paso 1

Identifica el pensamiento.

Ejemplo. «Soy un inútil y no sirvo para nada».

▶Paso 2

¿Cuál es el malestar emocional asociado?

Ejemplo. Tristeza y llanto.

▶Paso 3

Analiza el pensamiento aplicando un razonamiento lógico.

Ejemplo. «¿Hasta qué punto es cierta esa afirmación? ¿De qué me sirve pensar eso de mí? ¿Qué puedo hacer para cambiar ese pensamiento?».

EL *REFRAMING*

El *reframing,* también conocido como cambio de perspectiva, es una técnica que trata de cambiar la forma en que percibimos y comprendemos una experiencia emocional para poder manejarla de manera más efectiva.

Es decir, en lugar de quedarnos atrapados en pensamientos negativos, el *reframing* nos invita a buscar una interpretación más favorable de la situación. Esto implica encontrar nuevos significados, enfoques o aspectos positivos que nos permitan ver la situación desde una perspectiva más constructiva y optimista.

EJERCICIO: HAZ *REFRAMING*

Cambia la perspectiva y reinterpreta las situaciones, permitiéndote verlas de manera más positiva o constructiva. Practica este ejercicio regularmente para fortalecer tus habilidades de *reframing* y desarrollar una mentalidad más resiliente y optimista. Son cuatro pasos:

▶1. Identifica la situación problemática

Elige una situación específica en la que experimentaste emociones negativas o te sentiste frustrado. Puede ser algo que ocurrió recientemente o que hayas recordado.

Ejemplo. Imagina que te dieron retroalimentación negativa en el trabajo después de hacer una presentación de tu proyecto y te sentiste desanimado y enfadado contigo mismo.

▶ **2. Identifica los pensamientos negativos automáticos asociados**
Estos son pensamientos negativos que surgieron de manera instantánea y sin cuestionamiento.

Ejemplo. Al recibir la retroalimentación negativa, podrías haber pensado: «nunca seré lo suficientemente bueno para este trabajo» o «todos piensan que soy incompetente».

▶ **3. Cuestiona y reestructura los pensamientos negativos**
Ahora, cuestiona y reestructura esos pensamientos negativos utilizando el *reframing*. Para ponerlo en práctica, examina las evidencias que respaldan o refutan esos pensamientos y, a continuación, busca perspectivas alternativas y más realistas.

Ejemplo. Cuestiona esos pensamientos negativos que aparecen en tu mente preguntándote: «¿cuál es la evidencia de que soy un incompetente?» o «¿hay alguna vez en la que haya recibido retroalimentación positiva o haya tenido éxito en el trabajo?». A continuación, reestructura los pensamientos negativos en pensamientos más realistas y positivos, como: «recibir retroalimentación negativa en el trabajo no significa que sea un fracaso total. Es una oportunidad para aprender y mejorar» o «he tenido éxitos en el pasado y he recibido retroalimentación positiva. Esta retroalimentación negativa no define mi valía como profesional».

▶ **4. Practica el nuevo enfoque**
Lleva contigo los nuevos pensamientos y recuérdalos cuando te enfrentes a situaciones similares en el futuro. Refuerza el nuevo enfoque y piensa que tienes el poder de reinterpretar y manejar las situaciones de manera más positiva y constructiva.

ESTRATEGIAS PARA PEQUEÑOS Y MAYORES
Existen **otros tipos de estrategias de autocontrol** que se utilizan principalmente con niños para la gestión de emociones, aunque también funcionan con adultos. Son una manera visual y sencilla que nos ayuda a regular nuestras emociones y comportamientos en diferentes situaciones. Nos proporcionan un marco comprensible y práctico para autorregularnos y tomar decisiones más conscientes.

A continuación te presento algunas de ellas para que vayas ejercitándote en las prácticas de autocontrol.

EJERCICIO: TÉCNICAS DE AUTOCONTROL PARA NIÑOS

• **El semáforo.** Es una técnica efectiva para autorregular comportamientos impulsivos, arranques de ira o agresión, y consiste en estar entrenado para que cuando sientas que estás por caer en estos comportamientos «actúes» como lo hace un semáforo. ROJO para DETENERSE; es decir, quedarse quieto al igual que lo hacen los coches. AMARILLO para PENSAR lo que está sucediendo y detectar posibles SOLUCIONES y VERDE para ACTUAR llevando a la práctica alguna de esas opciones.

Es recomendable hacer un dibujo de un semáforo y escribir unas sencillas instrucciones que te ayuden para su funcionamiento.

Estas son algunas frases que te propongo:

• **Luz roja.** «ALTO, tranquilízate y piensa antes de actuar».
• **Luz amarilla.** «PIENSA soluciones o alternativas y sus consecuencias».
• **Luz verde.** «ADELANTE y pon en práctica la mejor solución».

• **El globo.** La técnica del globo busca ayudarte a controlar esas emociones tan demoledoras como el enfado, la frustración o el nerviosismo. Mediante este juego aprenderás a controlar la respiración como si estuvieras desinflando un globo, siendo consciente de tu propio cuerpo.

▶ **Paso 1**
Para ponerla en práctica necesitarás globos. Debes pensar que cuando te enfadas o estás nervioso eres como un globo, que te vas llenando de aire y que, si no lo controlas, puedes explotar. De forma paralela vas inflando un globo y lo llenas de aire hasta que explote. Piensa que igual que un globo, si te enfadas más y más, al final estallarás y ya no podrás controlarte.

▶ **Paso 2**

Seguidamente, infla otro globo, pero sin que este llegue a explotar. Cuando tenga bastante aire, ve dejándolo escapar lentamente. Es una forma muy visual de ver que, si consigues manejar esos sentimientos, no llegarás a una explosión incontrolable.

▶ **Paso 3**

Después, ya sin globos, llena tus pulmones de aire hasta que no puedas más y déjalo escapar poco a poco hasta volver a la normalidad. Esto lo puedes hacer tumbado, sentado o en cualquier postura relajada.

- **La rueda de opciones.** Se trata de una técnica de Disciplina Positiva que consiste en crear una rueda con opciones de cosas que puedes hacer cuando tus emociones no te dejan avanzar.

  ▶ **Paso 1**

  Para hacerlo, debes dibujar en una hoja de papel grande un círculo, que a su vez debe estar dividido de forma proporcional, dependiendo de la situación propuesta, en secciones.

  ▶ **Paso 2**

  Luego, en cada una de estas secciones, coloca y representa diferentes emociones que hayas sentido en alguna situación. Debes describir uno o varios mecanismos, o formas de actuar, para poder calmar el sentimiento que puedas estar teniendo. Por ejemplo: estar unos minutos a solas, expresar con palabras cómo te sientes, dibujar, contar hasta diez, saltar, etc. Las opciones deben ser acciones válidas y que respeten tu integridad y la de los que están en tu entorno.

- **Tocar agua o arena.** Esta herramienta holística logra que conectes con tus sentimientos y los controles a través del contacto con elementos de la naturaleza.

  Lo ideal sería hacerlo en la playa, pero cada vez que veas que no puedes controlar alguna de tus emociones, usa un recipiente con agua en el que puedas introducir tus manos. Otra opción es tener una caja con arena para estar en contacto con ella. A través de estos estímulos sensoriales, con el roce de tus manos y de tus dedos con el agua o la arena, podrás relajarte y conectar contigo mismo.

LAS EMOCIONES
EN NUESTRA SOCIEDAD

*Las emociones son contagiosas. Todos lo conocemos por experiencia.
Después de un buen café con un amigo, te sientes bien. Cuando te toca un
recepcionista maleducado en una tienda, vas sintiéndote mal.*

DANIEL GOLEMAN

Piensa en nuestra sociedad como un gran escenario de baile en el que nosotros somos los bailarines. Movemos nuestros cuerpos al ritmo de las expectativas y convenciones sociales, siguiendo una coreografía que nos guía de forma «automática» en nuestro día a día.

Esta coreografía está compuesta por patrones de pensamiento, creencias arraigadas y comportamientos habituales que hemos adquirido a lo largo de nuestra vida. Actuamos sin pensar, dejándonos llevar por las normas establecidas y la presión externa.

Tener este conjunto de pasos y movimientos pautados nos puede ser útil, ya que nos permite adaptarnos y cumplir con las demandas sociales. Sin embargo, también puede limitarnos, alejarnos de nuestra verdadera esencia y llevarnos a usar comportamientos automáticos que no siempre son útiles.

Imagina por un instante que todos los días que te encuentras con tu jefe, te dice que el trabajo que haces podría estar mucho mejor si lo hicieras exactamente como él te dice. Sientes mucha ansiedad y te pones automáticamente a la defensiva. Esto te desalienta incluso mucho antes de llegar a la oficina, te angustia y condiciona tu relación con él, ya que tratas de evitar cruzarte en su camino todo lo posible. De hecho, no recuerdas si algún día que os habéis cruzado te ha hecho algún comentario o no. Este comportamiento automático hace que ante esta situación u otras parecidas, pero no iguales, actúes con miedo o intentando cortar la comunicación. Al actuar así, perdemos la libertad de elegir la respuesta más apropiada a cada situación. Es decir, no nos permitimos hacer uso de nuestras emociones de una manera adecuada.

LOS COMPORTAMIENTOS AUTOMÁTICOS

En nuestro día a día, muchas veces vamos en «automático». Seguro que cuando vas en coche, has llegado alguna vez a tu destino sin haber pensado conscientemente en el recorrido que debías realizar. O, por ejemplo, alguna vez has hecho o dicho cosas debido a ciertos automatismos.

EJERCICIO: LA «COREOGRAFÍA» DE NUESTRAS EMOCIONES

Te invito a que recuerdes cinco momentos en los que hayas actuado en modo automático a lo largo del último mes. Por ejemplo:

1. Lavándome los dientes.
2. Vistiéndome.
3. Conduciendo hacia el trabajo.
4. Comiendo.
5. Contestando un correo.

Señala con un «tic mental» los momentos en los que crees que ese comportamiento en piloto automático ha sido útil, y con una «X» cuando ha sido inadecuado.

Vamos a ir un paso más allá. Ya que sabes cuáles son los comportamientos automáticos que te mueven, te invito a describirlos. Al poner en palabras tus emociones, estás realizando un acto de autoobservación y reflexión que te permitirá separarte de la automatización y tomar un papel más activo en la regulación de tus respuestas emocionales.

EJERCICIO: DESCRIBE TUS EMOCIONES

Describir emociones es la mejor manera de alejarte de tus comportamientos automáticos. Para ello, piensa en una emoción que hayas experimentado recientemente. Descríbela. Recuerda el contexto en la que se produjo:

- ¿Qué sensaciones experimentaste?
- ¿Pensaste que esa emoción era molesta o que era beneficiosa?
- ¿Esa emoción «consiguió» que te pusieras en movimiento?
- ¿Hizo que pusieras una expresión en tu cara?

Ahora, completa una tabla como esta siguiendo este ejemplo:

Emoción	Ansiedad
Expresión del rostro	Tengo la mandíbula en tensión
Tendencias	Tengo ganas de abandonar
Pensamientos	Pienso que nunca lo conseguiré
Sensaciones	El pecho me oprime

¿Recuerdas el episodio en el que te cruzabas con tu jefe en la oficina? Una de las reacciones que decíamos que podrías tener es la de huir, evitar la situación y estar lo más alejado posible de la misma, ya que todo lo que nos resulta desagradable lo queremos a gran distancia de nosotros. Por otro lado, siempre buscamos estar ceca de lo que nos parece positivo.

En cuanto a las emociones, actuar de este modo no es eficaz. Puedes evitar cruzarte con tu jefe, pero huir de tus pensamientos y de cómo te sientes no es posible. De hecho, hay investigaciones que muestran que evitar nuestras emociones es ineficaz, e incluso negativo para nosotros y nuestro bienestar.

LOS PENSAMIENTOS AUTOMÁTICOS

Seguro que ahora ya eres más consciente de que hay muchos momentos en los que te mueves de forma automática. Pues bien, con nuestros pensamientos ocurre lo mismo. Los **pensamientos automáticos** nos surgen de forma rápida, involuntaria y sin un esfuerzo consciente por parte de nuestra mente. Son respuestas automáticas que se generan a partir de nuestros patrones de pensamiento arraigados. Algunos ejemplos para entenderlo:

- Como he tenido una entrevista de trabajo que ha salido mal, pensar: «siempre me va mal en las entrevistas de trabajo, nunca conseguiré un empleo».

- Otro ejemplo es cuando imaginamos y anticipamos lo peor que podría suceder en una situación. Pensar: «si fallo en esta presentación, mi carrera estará arruinada y nunca seré capaz de recuperarme».

- Cuando nos basamos en un solo error para etiquetarnos negativamente a nosotros mismos o los demás. Es decir, pensar: «cometí un error en el trabajo, soy un completo incompetente».

Es importante que cuestiones tus pensamientos automáticos. Esto no supone negarlos o eliminarlos por completo, sino más bien analizarlos y desafiarlos de manera constructiva. Al hacerlo, puedes tener una visión más realista y equilibrada de las situaciones, así como promover un bienestar emocional más saludable. ¿Te animas?

EJERCICIO: CUESTIONA TUS PENSAMIENTOS AUTOMÁTICOS

▶ 1. Focalización

Presta atención a tus pensamientos en una situación desencadenante. Por ejemplo, si cometes un error, es posible que automáticamente pienses: «soy un fracaso total».

▶ 2. Escritura

Toma un papel y un bolígrafo y anota el pensamiento automático que has identificado. Escribe la frase exacta que pasa por tu mente.

▶ 3. Análisis

Ahora es el momento de analizar y cuestionar ese pensamiento automático. Hazte las siguientes preguntas y trata de responderlas de manera objetiva y honesta. No te apresures y tómate el tiempo necesario para reflexionar sobre cada una de ellas:

- ¿Hay alguna evidencia que respalde este pensamiento automático?
- ¿Estoy interpretando la situación de manera precisa o estoy dejando que las emociones distorsionen mi percepción?
- ¿Existen otras formas de valorar esta situación que sean más realistas o positivas?

►4. Perspectiva

Una vez que hayas cuestionado tu pensamiento automático, busca perspectivas alternativas más realistas y constructivas. Por ejemplo, si pensaste: «soy un fracaso total», una perspectiva alternativa podría ser: «cometí un error, pero eso no define mi valía como persona. Puedo aprender de esta experiencia y mejorar en el futuro».

►5. Proyección

Después, piensa en cómo te sentirías y cómo actuarías si adoptaras esas perspectivas alternativas más realistas y constructivas. Reflexiona sobre cómo cambiaría tu respuesta emocional y tu comportamiento en la situación original que ha desencadenado el pensamiento automático.

►6. Práctica

Cuando seas consciente de ello, practica adoptarlas en situaciones similares en el futuro. Reconoce pensamientos automáticos negativos en el momento en el que surjan y trabaja en reemplazarlos con las perspectivas más realistas y constructivas que has identificado.

Recuerda que este ejercicio requiere práctica y paciencia. No esperes cambiar tu manera de pensar automática de la noche a la mañana. Con el tiempo y la repetición, podrás cuestionar y modificar tus pensamientos automáticos negativos, fomentando una perspectiva más equilibrada y positiva.

EL ENTORNO EN EL QUE VIVIMOS Y LAS EMOCIONES

Nuestro entorno puede influir en cómo nos sentimos, nuestras respuestas emocionales y nuestro bienestar general. Pero, ¿cómo lo hace?

Los estímulos visuales y auditivos que nos rodean, como los colores, la iluminación, los sonidos del entorno o la música, pueden tener un impacto directo en nuestras emociones. ¿Cómo influyen en las tuyas?

EJERCICIO: ¿CÓMO IMPACTA EL ENTORNO EN TUS EMOCIONES?

Esta actividad es una oportunidad para explorar cómo el impacto visual y sonoro de tu entorno afecta a tus emociones. No hay respuestas correctas o incorrectas en el desarrollo de este ejercicio, ya que cada persona tiene preferencias y respuestas emocionales únicas.

Disfruta del proceso de crear un entorno que te brinde bienestar emocional y continúa ajustándolo según tus necesidades a lo largo del tiempo. Para ello, sigue las cinco fases que te indico a continuación. Empecemos:

►1. Entorno

Observa el entorno que te rodea. Tómate un tiempo para examinar los colores, la iluminación y los objetos presentes. ¿Qué elementos visuales te generan emociones positivas o te transmiten calma? Puede ser un objeto decorativo, una pintura, una planta o cualquier otro detalle que llame tu atención de manera positiva.

►2. Sonido ambiente

Ahora, experimenta con música y sonidos. Pon tu género musical favorito o sonidos de la naturaleza que te resulten relajantes. Cierra los ojos y presta atención a cómo te hace sentir la música o los sonidos. Observa si te transmiten calma, alegría, energía u otras emociones. A medida que escuchas, presta atención a cualquier cambio en tu estado de ánimo o en la forma en que te sientes físicamente.

►3. Visualización

Utilizando los elementos visuales y sonoros que has identificado en los pasos previos como positivos, realiza cambios en tu entorno para crear un espacio más placentero. Incorpora los colores, objetos y sonidos que te generen emociones positivas en tu entorno, ya sea en tu hogar, lugar de trabajo o cualquier otro espacio que frecuentes.

►4. Autoanálisis

Observa cómo te sientes. Presta atención a cualquier cambio en tu estado de ánimo, sensaciones físicas o niveles de estrés. Nota si te sientes más relajado, enérgico o inspirado.

►5. Ajuste

Si encuentras que algún elemento visual o sonoro no te genera emociones positivas, no tengas miedo de realizar ajustes. Experimenta con diferentes combinaciones hasta encontrar lo que te funcione mejor.

Un entorno luminoso, colorido y agradable puede generar emociones positivas, mientras que un entorno oscuro o caótico puede generar emociones negativas.

La disposición y el diseño de los espacios físicos en los que pasamos tiempo también influyen en nuestras emociones. Un entorno ordenado, limpio y organizado puede transmitir calma y generar emociones positivas, mientras que un entorno desordenado puede generar sensaciones de agobio o ansiedad. Además, la presencia de elementos naturales, como la vegetación y los espacios verdes, puede tener un impacto positivo en nuestras emociones. Estar rodeados de naturaleza genera sentimientos de calma, serenidad y conexión con el entorno, lo que hace mejorar nuestro estado de ánimo y bienestar emocional. ¿Te has fijado alguna vez en cuáles son y cómo están colocados los elementos que te rodean?

EJERCICIO: ¿CÓMO ES TU ENTORNO?

Este ejercicio consiste en observar y ser consciente de lo que vas viendo en un trayecto determinado y que conoces bien. Por ejemplo, de camino a casa al salir del trabajo. Hazlo de la siguiente manera:

▶ **Paso 1**

Da un paseo por tu ciudad, fíjate en los elementos que componen tu entorno: semáforos en verde, autobuses, taxis, árboles, perros, peatones, bicicletas, etc.

▶ **Paso 2**

Primero fíjate en el conjunto y luego, poco a poco, detente a observar los detalles más insignificantes que pueden pasar desapercibidos: los colores, la forma de las hojas de los árboles o las nubes, entre otros.

▶ **Paso 3**

Sé consciente de los pensamientos y los sentimientos que te generan. ¿Cuáles son? (Asombro, alegría, curiosidad, aburrimiento, impaciencia, neutralidad, somnolencia…).

▶ **Paso 4**

Cuando llegues a casa, dibuja el paisaje en un cuaderno.

▶ **Paso 5**

Una vez que sabes cómo es lo que te rodea, es fundamental saber cómo te sientes en tu entorno y cómo afecta a tus emociones. Para dominar toda la información posible, debes seleccionar al menos tres entornos distintos como el hogar, el parque o el trabajo. Puede ser que ciertos entornos te afecten de manera diferente según el momento o que tus preferencias cambien con el paso del tiempo.

Entonces, ya que identificas cómo es tu entorno, ¿sabes cómo te sientes en él?

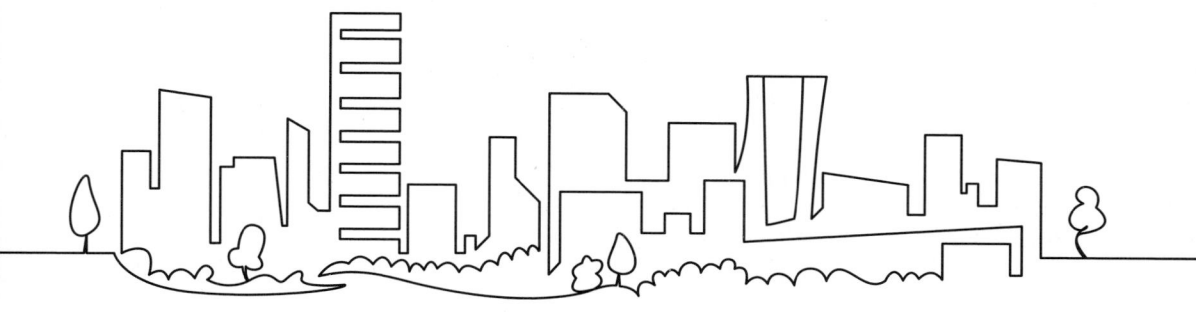

EJERCICIO: CUANDO ESTOY AQUÍ ME SIENTO ASÍ

A continuación, se presentan tres contextos: casa, trabajo y otros lugares. En un papel puedes hacer un esquema como el que te presento aquí y escribir al lado de cada contexto tres o más emociones que comúnmente experimentes estando en esos lugares.

¿Sabrías decir qué es lo que está causando dicha emoción en ese contexto? Si la respuesta es positiva, podrás buscar una solución a la situación que está generando esta emoción.

En el siguiente ejercicio te invito a que indagues sobre dichas causas y las consecuencias que te provocan esas emociones.

EJERCICIO: CAUSAS Y CONSECUENCIAS DE LAS EMOCIONES

A continuación, debes escribir una emoción en el recuadro. Te recomiendo empezar por alguna de estas emociones básicas: ira, miedo, tristeza y alegría. Una vez escrita la primera emoción, vas a ir completando los demás epígrafes. Es fundamental que veas y tengas en cuenta la diferencia entre la **respuesta impulsiva** (aquello que deseas hacer), la **respuesta apropiada** (lo que se considera apropiado o razonable), y la **respuesta adoptada** (lo que acabas haciendo realmente). Por ejemplo, cuando te enfadas, puede que tengas impulsos de agredir, pero esto posiblemente tenga serias consecuencias. Hay otra respuesta más apropiada. Usa el siguiente esquema para profundizar en ellas.

Tristeza				
Causa	Respuesta impulsiva	Respuesta adoptada	Respuesta apropiada	Consecuencias
He suspendido un examen importante al que le había dedicado tiempo y esfuerzo.	Me quedo en casa todo el día, encerrado en mi cuarto, llorando sin consuelo y pienso que no voy a aprobarlo nunca, sin buscar soluciones o alternativas para mejorar la situación académica.	Me tomo un tiempo para procesar mi tristeza y frustración, permitiéndome sentir las emociones asociadas. Luego, busco apoyo emocional a través de amigos o familiares.	Reconozco que suspender un examen no define completamente mis capacidades. Busco ayuda académica adicional, como hablar con el profesor para entender los errores cometidos y aprender de ellos. Estableceré un plan de estudio más efectivo para futuros exámenes y dedicaré más tiempo y esfuerzo para mejorar.	Si manejo la tristeza de manera saludable, puede ser motivador para mejorar y alcanzar mejores resultados en el futuro. Sin embargo, si la tristeza persiste sin acciones constructivas, podría afectar negativamente a mi estado de ánimo, mi confianza y mi rendimiento académico en general. Es importante tomar medidas adecuadas para aprender de la experiencia y seguir adelante.

Ahora que sabes cómo te sientes en cada contexto de tu día a día, y has definido la causa y las consecuencias que estas te producen, te voy a pedir que te centres en cada una de ellas para que reflexiones sobre las emociones que se desencadenan en ese espacio.

EJERCICIO: ¿QUÉ PASA CUANDO...?

Con este ejercicio te propongo que hagas una lista de emociones que experimentes durante tu día de trabajo o tu día en casa; en la segunda columna debes colocar los momentos en los cuales experimentas las diferentes emociones. En una tabla como la que te muestro en el ejemplo, detalla las consecuencias de esas emociones y estrategias posibles para manejarlas de manera adecuada.

		MOMENTO EN QUE LO EXPERIMENTAS	ESTRATEGIAS PARA AFRONTAR LA SITUACIÓN
EMOCIÓN	Ansiedad	Antes de hacer una presentación importante en el trabajo.	Antes de la presentación, me tomo unos minutos para hacer respiraciones profundas y relajarme. Inhalar profundamente, retener el aire por unos segundos y luego exhalar lentamente. Repito este proceso varias veces para calmar mi mente y cuerpo.

LA INTERACCIÓN SOCIAL Y LAS EMOCIONES

Vivir en sociedad es un flujo constante de interacciones, un tejido entrelazado de relaciones que dan forma a tu experiencia diaria. Desde los vínculos más cercanos con amigos y familiares hasta los encuentros casuales con desconocidos en la calle, cada interacción te ofrece la oportunidad de conectar, aprender y crecer.

En este complejo entramado social, tus emociones juegan un papel fundamental. Cada encuentro que tienes con alguna persona despierta una gama de sentimientos, desde la alegría y el amor hasta el enfado y la tristeza. Es en estas interacciones donde nuestras decisiones cobran un significado aún mayor, ya que pueden influir en la calidad de relaciones y, en última instancia, en nuestra propia felicidad. Es decir, la toma de decisiones está íntimamente ligada a nuestras emociones y a la sociedad en la que vivimos. Además, estas elecciones son influenciadas por una variedad de factores, entre ellos: el contexto social en el que nos desenvolvemos y cómo nos sentimos.

Las decisiones que tomas al relacionarte con los demás pueden ser pequeñas, pero sus efectos son profundos. Por ejemplo, si eliges ser amable y comprensivo, en lugar de juzgar y criticar, puede abrirte las puertas a la empatía. O la decisión de escuchar activamente a los demás, en lugar de estar pensando en lo que vas a responder mientras esperas tu turno para hablar, puede fomentar un ambiente de respeto y comprensión mutua.

Las normas culturales, las expectativas y las presiones sociales pueden moldear nuestras preferencias. La sociedad establece estándares de éxito, define lo que se considera aceptable o deseable, y puede generar expectativas sobre cómo debemos comportarnos y qué decisiones tomar. ¿Cómo son las decisiones que tomas en tu día a día?

EJERCICIO: UN DÍA EN LA VIDA DE CHARLY

Cada día tienes que tomar un gran número de decisiones, de ellas depende cómo te van las cosas. Te propongo un juego: analiza algunas de las decisiones que tiene que tomar Charly en un día cualquiera y reflexiona sobre sus consecuencias.

▶ **1. Son las 8:00 h y suena el despertador de Charly; es lunes y tiene mucha pereza.**

¿Qué decide hacer Charly?

a. Levantarse enseguida. Pensar en que será un gran día y empezar con ánimo; Charly puede desayunar con tiempo suficiente y llegar puntual al colegio.

b. Apagar el despertador y darse media vuelta para seguir durmiendo. Al cabo de un rato llega su madre y lo despierta. Se enfada por la pereza de Charly y le regaña. Ahora tiene que darse prisa y además empieza el día con una regañina.

▶ **2. A las 9 h empieza la clase.** El profesor le pide a Charly que le preste su cuaderno a un compañero para que copie los ejercicios del día anterior, porque ha estado enfermo. Charly no quiere dejárselo porque la última vez que lo hizo su compañero se lo devolvió lleno de tachones.

¿Qué decisión toma?

a. Obedece a la profesora y le presta el cuaderno a su compañero. Se siente mal y está todo el rato inquieto mirándole para asegurarse de que no estropea su cuaderno. Por eso se distrae y no se concentra en su tarea.

b. Entrega el cuaderno a su compañero y al dárselo le dice: «Cuídalo, por favor. Me gusta conservar el cuaderno limpio». Confía en que habrá entendido el mensaje y tendrá más cuidado que la vez anterior. Se centra en su tarea sin preocuparse más del cuaderno.

c. Se niega a entregar el cuaderno diciendo en voz alta a la profesora lo ocurrido en la otra ocasión. La profesora considera que Charly debería dar una segunda oportunidad a su compañero e insiste para que se lo preste, pidiéndole a este que sea responsable con lo que se le deja. El compañero se siente herido al ser criticado en público, y se enfada con Charly. El clima de la clase es tenso: Charly está contrariado porque la profesora lo ha obligado a dejar el cuaderno a su compañero y, aunque reconoce que su comportamiento no ha sido apropiado, está tenso e inquieto por la reacción de su compañero.

▶ **3. Son las 11:30 h, y los alumnos están en el patio.** Charly quiere jugar al fútbol con sus compañeros, pero le dicen que hoy ya tienen el equipo formado. Se siente rechazado y triste.

¿Qué decide hacer?

a. Se sienta en un rincón mientras se come una fruta y ve cómo se divierten los demás. Se siente triste, abatido, sin posibilidad de pasarlo bien en el recreo.

b. Insiste, propone alternativas, negocia su participación como árbitro. Adopta una actitud de participación, acepta la decisión de sus compañeros a pesar de que no le gusta. Pero, lejos de sentirse rechazado, su actitud colaborativa e imaginativa puede proporcionarle un lugar en el juego.

c. Se enfada con ellos y, dando media vuelta, les dice que hay otros niños con quien jugar. Se siente rechazado, molesto y de mal humor. Se va a jugar con otros, pero su enfado le impide disfrutar.

▶ **4. Por la noche, después de cenar,** los padres le piden a Charly que se vaya ya a la cama. Ellos están viendo la televisión. Ponen una serie que parece divertida y a Charly le apetece verla.

¿Qué decisión toma Charly?

a. Desobedece a sus padres y no se acuesta enseguida, va entreteniéndose con cualquier cosa y excusa con tal de ver el programa. Después, les pide que le dejen verlo media hora más; y ellos acceden. Al día siguiente, cuando suena el despertador, Charly está muy cansado y su madre le recuerda que es consecuencia de acostarse demasiado tarde.

b. Analiza la situación, entiende que sus padres le dicen que se acueste pronto por su bien, para que se encuentre descansado al día siguiente, a pesar de que el programa es divertido y de que le gusta estar con ellos un ratito viendo la televisión. Decide acostarse, da las buenas noches y al día siguiente se levanta fresco y muy descansado.

Ahora, intenta darte cuenta de las decisiones que has tomado hoy y las consecuencias que traen consigo. Puedes hacer este ejercicio siempre que quieras; incluso puedes fijarte en las decisiones que toman los demás en diferentes situaciones. También puedes invitar a tus amigos a jugar al «¿Qué pasaría si decido?», imaginando diferentes situaciones en las que, día a día, hay que tomar decisiones y valorar las consecuencias de las posibles alternativas.

Cada elección que haces en tus interacciones cotidianas va moldeando tu experiencia social.

COMPARTIENDO TUS EMOCIONES EN SOCIEDAD

En nuestra vida cotidiana nos encontramos con rostros familiares y desconocidos, cada uno portando sus propias cargas emocionales. En ocasiones, las sonrisas ocultan tristezas profundas, mientras que las miradas esquivas revelan historias sin contar que se esconden en el interior. Pero cuando necesitamos abrirnos y compartir nuestras emociones, la atmósfera debe transformarse. Son fundamentales los **espacios emocionalmente seguros**.

En esos espacios de confianza y vulnerabilidad es donde descubrimos la verdadera fuerza de la sociedad en la que vivimos. Unas palabras sinceras pueden romper las barreras invisibles que separan a las personas y generar puentes de entendimiento entre ellas.

En este escenario, la **empatía** se convierte en un faro que guía nuestras interacciones. La sociedad se transforma cuando nos atrevemos a escuchar con el «corazón abierto». Cada encuentro se convierte en una oportunidad para sanar, para encontrar consuelo y para crecer juntos. ¿Tú tienes una actitud de empatía con los demás?

CUESTIONARIO: ¿CUÁL ES TU NIVEL DE EMPATÍA?
Responde a cada pregunta de acuerdo a tu experiencia y comportamiento habitual. Utiliza una escala del 1 al 5, donde 1 significa «no me identifico en absoluto» y 5 significa «me identifico completamente».

Cuando alguien cercano a mí está pasando por un momento difícil, me resulta fácil entender y compartir sus emociones.	1	2	3	4	5
Suelo prestar atención a las señales no verbales, como el lenguaje corporal y las expresiones faciales, para entender cómo se sienten los demás.	1	2	3	4	5
Me siento impulsado a ayudar y apoyar a las personas que están pasando por situaciones emocionalmente difíciles.	1	2	3	4	5
En las conversaciones, tiendo a escuchar activamente y hacer preguntas para comprender mejor las emociones de los demás.	1	2	3	4	5
Me preocupo por cómo mis acciones pueden afectar emocionalmente a los demás y trato de actuar de manera considerada.	1	2	3	4	5
Puedo ponerme en el lugar de los demás y ver las cosas desde su perspectiva.	1	2	3	4	5
Me siento cómodo expresando empatía verbalmente, como diciendo «entiendo cómo te sientes» o «lamento que estés pasando por eso».	1	2	3	4	5
Suelo ofrecer mi apoyo emocional a las personas sin que me lo pidan explícitamente.	1	2	3	4	5
Me intereso genuinamente por las experiencias y emociones de los demás.	1	2	3	4	5
Intento ser comprensivo y no juzgar a las personas por sus emociones o circunstancias.	1	2	3	4	5

Una vez hayas respondido a todas las preguntas, suma tus puntuaciones y divídelas entre 10 para obtener tu puntuación media. Esta puntuación te dará una idea aproximada de tu nivel de empatía.

Recuerda que esto es solo un cuestionario básico y que la empatía es una habilidad compleja que puede variar en diferentes situaciones y relaciones.

Independientemente del nivel de empatía que hayas obtenido, recuerda que lo mejor para tus emociones y para tus relaciones es que mantengas una **actitud activa** y **constructiva.** Para fomentar esta conducta te animo a que practiques la escucha reflexiva.

EJERCICIO: PRACTICA TU ESCUCHA REFLEXIVA

Este ejercicio te permitirá practicar la escucha reflexiva, fomentar la empatía y fortalecer la comunicación con los demás. Recuerda que la actitud activa y constructiva implica escuchar de manera atenta, comprender y brindar apoyo emocional sin juzgar. Cuanto más practiques esta habilidad, tus interacciones y relaciones con los otros irán mejorando. Para ello:

►**1. Elección**

Elige a una persona con quien tengas una relación cercana y con la que te sientas cómodo para practicar este ejercicio.

►**2. Entorno**

Busca un momento y lugar adecuados para llevar a cabo la actividad. Asegúrate de que ambos tengáis suficiente tiempo y privacidad para participar de manera plena.

Ejemplo. María y Jorge deciden reunirse en un café tranquilo durante la tarde para llevar a cabo el ejercicio. Eligen un lugar cómodo y acogedor donde puedan conversar sin distracciones.

►**3. Consenso**

Explica el propósito de este ejercicio a la otra persona que has seleccionado para que te acompañe y pídele su consentimiento para ejercitar. Explícale que el objetivo es practicar la escucha reflexiva y fomentar una actitud activa y constructiva en vuestra comunicación.

Ejemplo. María le explica a Jorge que le gustaría practicar la escucha reflexiva para fortalecer su comunicación y empatía mutua. Le asegura que es un espacio seguro y que en todo momento se enfocarán en escucharse y comprenderse mutuamente.

▶ 4. Roles

Uno de vosotros actuará como «el hablante» y el otro como «el oyente». Luego, intercambiaréis los roles.

Ejemplo. María sugiere que comience Jorge siendo «el hablante» y ella asumiendo el papel de «oyente». Le explica que Jorge puede elegir un tema o una experiencia que desee compartir y discutir.

▶ 5. Práctica

«El hablante» comparte un tema o una experiencia personal que le gustaría discutir o explorar. Puede ser algo positivo o algo que le cause conflicto o preocupación. «El oyente» se enfoca en escuchar activamente y de manera reflexiva. Muestra interés y presta atención plena a lo que el hablante está compartiendo. Evita interrumpir o juzgar.

Ejemplo. Jorge elige compartir su experiencia de estrés en el trabajo y cómo eso le ha afectado emocionalmente. Comparte detalles sobre las situaciones estresantes y cómo se siente al enfrentarlas. Este menciona que ha estado trabajando en un proyecto importante con un plazo ajustado, lo que le ha generado mucha presión y ansiedad. Además, ha estado lidiando con una carga de trabajo muy grande, lo que le ha llevado a sentirse agotado y desmotivado. También comparte que ha tenido dificultades para conciliar su vida laboral con su vida personal, y esto ha afectado a su bienestar general.

El oyente, María, escucha atentamente las palabras de Jorge sin interrumpirlo. Ella nota que Jorge está pasando por un momento difícil y se da cuenta de que es importante brindarle apoyo emocional en este momento. Por eso, decide no ofrecer soluciones inmediatas, ya que comprende que Jorge solo necesita un espacio seguro para expresar sus pensamientos y sentimientos. En lugar de eso, ella hace preguntas para obtener más detalles sobre las situaciones estresantes que Jorge ha enfrentado y cómo ha tratado de lidiar con ellas hasta ahora.

GENTE «TÓXICA» Y TUS EMOCIONES

Las personas tóxicas son aquellas que tienen un impacto negativo en nuestra vida y nuestras emociones. Casi todos contamos en nuestro entorno con alguien así que nos altera el ánimo. Son como los Skrulls (aquellos extraterrestres que aparecen en los cómics de Marvel). Están a nuestro lado, pero no nos damos cuenta de que son dañinos para nuestro bienestar emocional y alteran nuestra paz interior.

Esa persona puede ser tu pareja, tu padre, un jefe, un compañero de trabajo, un vecino, un amigo… Las hay de todos los tipos: el **crítico,** que encuentra defectos en todo lo que haces y nunca parece estar satisfecho con tus acciones. Siempre te

crítica y menosprecia, socavando tu autoestima. Imagina que has estado trabajando arduamente en un proyecto y estás emocionado por compartirlo con todos tus amigos. Sin embargo, uno de ellos encuentra continuamente defectos en tu trabajo y te critica de manera despectiva, sin reconocer tus esfuerzos.

El que te **manipula emocionalmente** utilizando tácticas para controlarte y obtener lo que quiere. Puede utilizar la culpa, la victimización o el chantaje emocional para conseguir que hagas lo que él desea, sin tener en cuenta tus propias necesidades y deseos. Supón que tienes una pareja que constantemente te hace sentir culpable por pasar tiempo con tus amigos o familia. Utiliza tácticas manipuladoras, como amenazas emocionales o la retirada de su amor y atención para controlar tus decisiones y hacerte sentir atrapado en la relación.

También podemos encontrar al **envidioso competitivo** que siempre compite contigo y trata de superarte en todo. En lugar de celebrar tus logros, se siente amenazado por ellos y hará todo lo posible para menospreciar tus éxitos o incluso sabotearlos. Pongamos que tienes un compañero de trabajo que siempre intenta sabotear tus oportunidades de crecimiento profesional. Se apropia de tus ideas en las reuniones, te menosprecia frente a tus superiores o incluso intenta robarte el crédito por tus logros profesionales.

No nos olvidemos del **chismoso,** que disfruta difundiendo rumores, hablando mal de ti y de los demás, creando un ambiente de negatividad. Digamos que tienes un amigo cercano que difunde rumores y habla mal de otras personas a tus espaldas. Te das cuenta de que no puedes confiar en él para mantener la privacidad y la confidencialidad, lo que afecta a tu capacidad para sentirte seguro y cómodo en la amistad.

Por último, el **narcisista,** que necesita de atención y admiración constante. Puede ser egoísta, manipulador y carecer de empatía. Su comportamiento gira en torno a sí mismo y puede pisotear los sentimientos de los demás sin remordimientos. Pongamos por caso que tienes un jefe que siempre se atribuye el mérito de los éxitos del equipo, pero culpa a los demás cuando algo sale mal. Su necesidad de reconocimiento constante y su falta de empatía hacia los demás te hacen sentir frustrado y poco valorado en el trabajo.

Es importante comprender que las personas tóxicas a menudo actúan de esta manera debido a sus propias inseguridades y problemas personales. Sin embargo, eso no significa que debamos permitir que sus acciones nos afecten de manera negativa. ¿Tienes cerca de ti a alguien así?

EJERCICIO: EVALÚA SI HAY GENTE TÓXICA A TU ALREDEDOR

Este ejercicio es una herramienta de autoevaluación y no reemplaza el asesoramiento profesional. Siempre es recomendable buscar ayuda adicional si sientes que tus relaciones tóxicas están afectando negativamente tu vida.

▶ Paso 1

Tómate un momento para reflexionar sobre tus relaciones y entorno actual. Puedes escribir las respuestas en un papel para mayor claridad.

- Haz una lista de las personas con las que más interactúas en tu vida cotidiana, como amigos, familiares, compañeros de trabajo, etc.

- Para cada persona en la lista, pregúntate:

  - ¿Cómo me siento después de pasar tiempo con esta persona?
  - ¿Hay algún patrón de comportamiento negativo que note en su relación conmigo?
  - ¿Respeta mis límites y necesidades emocionales?
  - ¿Me siento valorado, apoyado y aceptado por esta persona?
  - ¿Hay un equilibrio saludable en la relación, o siento que doy más de lo que recibo?

▶ Paso 2

Después de completar la lista y reflexionar sobre tus relaciones, busca las siguientes señales de toxicidad en tus interacciones:

- **Críticas constantes.** Si alguien te critica de manera excesiva o busca constantemente encontrar fallas en tus acciones o decisiones.

- **Manipulación emocional.** Si te sientes constantemente manipulado, culpado o responsable de los problemas de otra persona.

- **Falta de apoyo emocional.** Si sientes que no recibes el apoyo emocional necesario en tus momentos de dificultad.

- **Falta de respeto a tus límites.** Si tus límites personales son constantemente ignorados o cruzados por las personas de tu entorno.

- **Negatividad constante.** Si te rodeas de personas que constantemente transmiten negatividad, quejas y pesimismo.

- **Falta de reciprocidad.** Si sientes que siempre das más en la relación y recibes poco o nada a cambio.

▶ **Paso 3**

Revisa tus respuestas y observa si hay patrones recurrentes o relaciones que presenten varias señales de toxicidad. Evalúa cómo te afectan emocionalmente estas relaciones y si contribuyen a tu bienestar general.

Si identificas la presencia de personas tóxicas en tu entorno, considera las siguientes opciones:

- Establecer límites claros y comunicar de manera abierta y transparente tus necesidades y expectativas.
- Alejarte gradualmente de las relaciones tóxicas, estableciendo una distancia emocional.
- Buscar apoyo de personas positivas y saludables en tu vida.
- Buscar asesoramiento o apoyo profesional si las relaciones tóxicas tienen un impacto significativo en tu bienestar emocional.

TU RELACIÓN CON EL ENTORNO Y TUS EMOCIONES

El lugar donde vives, las personas que te rodean, el trabajo que realizas o las actividades en las que participas pueden tener un impacto significativo en tus emociones. Aunque no tiene por qué ser así, muchos sucesos que ocurren en el entorno que nos rodea desencadenan emociones negativas.

Hay sucesos en los que es imposible controlar las emociones. Por ejemplo, la pérdida de un ser querido es una experiencia emocionalmente desafiante y dolorosa. Cuando se experimenta la muerte de un familiar cercano, nos encontramos en un entorno de duelo y tristeza. A pesar de que intentamos controlar nuestras emociones, es natural y comprensible que sintamos una profunda tristeza, dolor y aflicción por la pérdida. La relación que teníamos con el familiar fallecido y los recuerdos compartidos pueden generarnos una gran intensidad emocional.

Aunque podemos intentar distraernos o encontrar consuelo en otros aspectos de nuestra vida, como el trabajo o las actividades sociales, la pérdida sigue presente y puede afectar a nuestro estado de ánimo, nuestra energía y nuestra capacidad para disfrutar de las cosas.

Sin embargo, sí que podemos tener el control sobre otros muchos episodios de nuestra vida. Hay situaciones en las que podemos modificar el entorno e influir directamente en nuestras emociones.

Te lo voy a explicar con un experimento que puedes hacer en cualquier momento en el que te animes a hacer un poco de deporte.

EXPERIMENTA: LANZA A CANASTA

El experimento consiste en realizar lanzamientos a una canasta y evaluar cómo la presencia de personas abucheándote o animándote afecta a tu rendimiento y estado emocional. Para llevarlo a cabo, sigue los pasos indicados a continuación:

► **Paso 1**
Asegúrate de contar con una canasta de baloncesto y suficiente espacio libre alrededor.

► **Paso 2**
Prepara un registro para anotar la cantidad de lanzamientos exitosos que realices durante la puesta en práctica del experimento.

► **Paso 3**
Realiza una serie de lanzamientos a la canasta sin ninguna influencia externa. Anota la cantidad de aciertos.

► **Paso 4.**
Ahora, necesitarás la ayuda de algunas personas para que te abucheen mientras realizas los lanzamientos. Pídeles que emitan sonidos negativos, expresen su descontento o hagan comentarios desalentadores mientras te concentras en el lanzamiento. Realiza otra serie de lanzamientos con las personas abucheándote y registra los resultados.

►**Paso 5**

Otro día, esas personas te animarán mientras realizas los lanzamientos. Pídeles que emitan sonidos positivos, expresen su alegría y apoyo o hagan comentarios alentadores mientras te concentras en el lanzamiento. Realiza otra serie de lanzamientos y registra los resultados.

►**Paso 6**

Examina los resultados obtenidos en las tres situaciones. Observa si ha habido una diferencia en tu rendimiento (número de aciertos) y en tu estado emocional durante las diferentes tandas de lanzamientos, con y sin abucheos, y con y sin animación.

►**Paso 7**

Reflexiona sobre cómo te sentiste emocionalmente durante los lanzamientos con la presencia de personas. Analiza si los abucheos o la animación afectaron a tu concentración, confianza o habilidad para ejecutar los lanzamientos de manera efectiva. Considera también cómo esta situación puede relacionarse con experiencias de presión, críticas o evaluaciones negativas en otros aspectos de la vida.

Nota. Ten en cuenta que algunas personas parecen no verse afectadas por las críticas o la presencia de personas abucheándolas. Esto puede deberse a diferentes factores, como la personalidad, la autoestima, la experiencia previa o las estrategias de afrontamiento que utilizan.

Ahora vamos a explorar el manejo del entorno con otro ejemplo. Supongamos que trabajas en un entorno laboral tóxico, donde hay un alto nivel de competencia, falta de apoyo y un ambiente de trabajo estresante. En este escenario, es probable que experimentes algunas emociones negativas como ansiedad, frustración o desmotivación.

La presión constante por destacar y cumplir con las expectativas laborales, así como la falta de colaboración y apoyo de tus compañeros de trabajo, pueden generarte estrés crónico y una sensación de malestar emocional.

En este ejemplo, puedes ver cómo el entorno laboral negativo influye en las emociones de la persona. Si desearas modificarlo para cambiar tus emociones, podrías considerar las siguientes estrategias:

►**1. Establece límites saludables**

- Define tus límites personales y profesionales para evitar la sobrecarga de trabajo y el agotamiento emocional.

- Aprende a decir «no» de manera asertiva cuando las demandas laborales sean excesivas y afecten a tu bienestar.

► **2. Busca apoyo**

- Busca aliados dentro de tu entorno laboral, como compañeros de confianza, con quienes puedas compartir tus preocupaciones y recibir apoyo emocional.

- Si es posible, busca la orientación de un supervisor o de recursos humanos para abordar problemas específicos en el entorno laboral.

► **3. Crea un espacio personal positivo**

- Organiza tu espacio de trabajo de manera que te resulte un entorno laboral agradable.

- Decora tu área con elementos que te inspiren y te ayuden a mantener una actitud positiva durante tu jornada laboral, como fotografías, plantas o citas motivadoras.

► **4. Busca oportunidades de crecimiento**

- Participa en programas de desarrollo profesional que te permitan adquirir nuevas habilidades y aumentar tu satisfacción en el trabajo.

- Identifica proyectos o tareas en los que puedas destacar y sentirte realizado, aunque sea en medio de un entorno desafiante.

► **5. Cultiva amistades fuera del trabajo**

- Mantén relaciones personales saludables y nutridas fuera del entorno laboral. Pasa tiempo con amigos y familiares que te brinden apoyo emocional y te ayuden a equilibrar tus emociones.

Cambiar el entorno laboral puede ser un proceso complejo y en algunos casos puede implicar buscar oportunidades de empleo en entornos más saludables.

EJERCICIO: MODIFICA TU ENTORNO
Ahora, piensa: ¿experimentas situaciones diarias que perturban tu paz interior?, ¿te has preguntado qué podrías hacer para modificar esas situaciones y recuperar tu tranquilidad? Ponte a ello.

LA INFLUENCIA DE LA TECNOLOGÍA EN LAS EMOCIONES

En la era moderna, la tecnología se ha convertido en un pilar fundamental de nuestra sociedad. Desde los dispositivos móviles que llevamos en nuestros bolsillos hasta los avances científicos que impulsan la innovación, la tecnología ha transformado radicalmente la forma en que vivimos, nos comunicamos y experimentamos el mundo que nos rodea. Pero junto con sus numerosos beneficios, la tecnología también ha dejado una huella en nuestras emociones, moldeando nuestra experiencia humana de formas tanto positivas como desafiantes.

La omnipresencia de la tecnología en nuestra vida diaria ha alterado la forma en que nos conectamos con los demás y experimentamos el mundo. En un abrir y cerrar de ojos, podemos enviar mensajes instantáneos a amigos y familiares en cualquier parte del mundo, compartir nuestros momentos más preciados en las redes sociales y tener acceso a una fuente de información inagotable con solo unos pocos clics. Estas capacidades nos brindan una sensación de conectividad constante, pero también pueden generar una serie de emociones complejas.

Por un lado, la tecnología nos permite mantener relaciones a distancia y estar en contacto con seres queridos en cualquier momento. Podemos experimentar alegría al recibir mensajes de apoyo y afecto, compartir momentos felices con amigos a través de videollamadas y sentirnos cercanos incluso cuando estamos separados. La tecnología también nos brinda acceso a comunidades virtuales, donde podemos encontrar apoyo, comprensión y pertenencia.

Sin embargo, también podemos caer presos de la ansiedad y la presión social que a menudo acompañan a la tecnología. La exposición constante a las redes sociales puede generar comparaciones destructivas, envidia y una sensación de no estar a la altura de los demás. El temor a perderse algo importante (FOMO, por sus siglas en inglés) puede generar ansiedad y una necesidad compulsiva de estar siempre conectado. Además, la dependencia excesiva de la tecnología puede provocar sentimientos de aislamiento y desconexión de la realidad tangible que nos rodea.

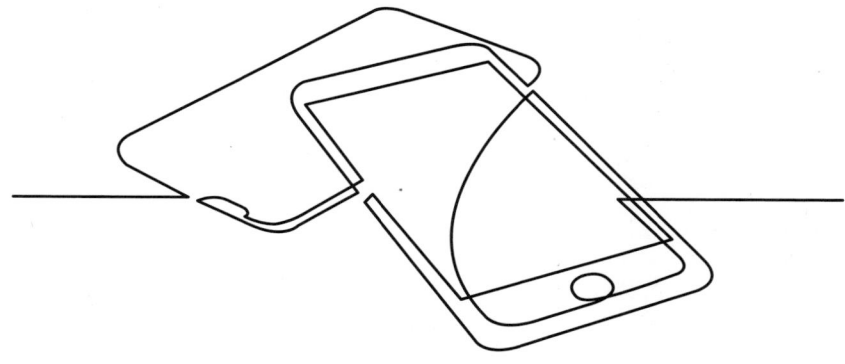

EJERCICIO: ¿USAS MUCHO LA TECNOLOGÍA EN TU VIDA? ¿CÓMO LA UTILIZAS?

Uso tecnología / Emoción Reacción	Nunca	Pocas veces	Bastantes veces	Muchas veces	Siempre
Cuando te conectas sientes que el tiempo vuela y pasan las horas sin darte cuenta.					
Has intentado reducir el tiempo que pasas usando las redes sociales, pero no has sido capaz.					
En ocasiones has llegado a descuidar otras tareas por estar conectado.					
Necesitas pasar cada vez más tiempo mirando las redes para sentirte más a gusto.					
Te enfadas por no tener conexión a Internet o tener que desconectarte.					

Uso tecnología / Emoción Reacción	Nunca	Pocas veces	Bastantes veces	Muchas veces	Siempre
Mientes a tu familia sobre el tiempo que pasas navegando en las redes.					
Has dejado de hacer cosas que antes te interesaban como deporte o algún *hobby* para poder conectarte más.					
Te has conectado a las redes aun sabiendo que podría traerte problemas.					
Te llega a molestar bastante pasar horas sin estar conectado.					
Has llegado a sentir que si no estás co-nectado te pierdes cosas importantes.					
Has hecho o dicho cosas por las redes que no harías o dirías en persona.					

Las posibles contestaciones son:

- Nunca = **1 punto.**
- Pocas veces = **2 puntos.**
- Bastantes veces = **3 puntos.**
- Muchas veces = **4 puntos.**

Si al terminar de contestar has obtenido más de **16 puntos,** es una razón para que empieces a alarmarte.

Te aconsejo que si ha ocurrido esto último intentes establecer límites claros para tu uso de la tecnología. Por ejemplo, puedes establecer una hora específica para apagar tus dispositivos electrónicos por la noche y evitar usarlos a primera hora de la mañana, después de despertarte. También te propongo la siguiente actividad.

EJERCICIO: UN DÍA SIN TECNOLOGÍA

Consiste en elegir uno o varios días a la semana en los que no utilices dispositivos electrónicos, como teléfonos móviles, tabletas u ordenadores, durante determinadas horas o durante todo el día. ¿Cómo hacerlo?

▶ **Paso 1**
Escoge el día o días de la semana para llevar a cabo esta actividad. Puede ser un día completo o solo algunas horas.

▶ **Paso 2**
Comunica a todos los miembros de tu familia o a los amigos que participarán en esta actividad y estableced juntos los horarios y la duración de estos «días sin tecnología».

▶ **Paso 3**
Durante esos días, evita el uso de dispositivos electrónicos. Apaga o guarda los teléfonos móviles, tabletas o cualquier otro dispositivo similar.

▶ **Paso 4**
Planea actividades alternativas para disfrutar durante esos momentos sin tecnología. Pueden ser actividades al aire libre, como caminar, hacer ejercicio, compartir juegos de mesa, leer libros o revistas, cocinar en familia, hacer manualidades, entre otros.

▶ **Paso 5**
Si necesitas utilizar la tecnología por motivos de trabajo o estudio, establece límites específicos y utiliza solo lo necesario durante esos días. Intenta minimizar el uso personal de la tecnología.

► **Paso 6**

Reflexiona sobre cómo te sientes durante los días sin tecnología. Observa si te sientes más conectado con las personas que te rodean, si tienes más tiempo para realizar otras actividades o si te sientes menos dependiente de los dispositivos electrónicos.

► **Paso 7**

Después de cada día sin tecnología, realiza una pequeña reunión familiar o de amigos para compartir las experiencias y opiniones sobre la actividad. Esto ayudará a fortalecer los lazos familiares o de amistad y a mantener la motivación para continuar con la práctica.

La tecnología también ha influido en la forma en que procesamos y expresamos nuestras emociones. Las redes sociales y las aplicaciones de mensajería nos brindan una plataforma para compartir nuestros logros, experiencias y pensamientos en tiempo real. ¿Quieres probar?

ACTIVIDAD: CREA TU BLOG DIGITAL

Utiliza la tecnología de manera consciente y responsable para fomentar tu bienestar emocional. Si en algún momento te sientes incómodo, es importante establecer límites y proteger tu privacidad. Comencemos:

►**Paso 1**

Busca una plataforma digital conocida por ti donde te sientas cómodo para expresarte. Puede ser un blog personal, una cuenta en una red social o incluso una aplicación de diario digital. Asegúrate de que la plataforma te brinde la privacidad y seguridad necesarias para compartir tus emociones de manera segura.

►**Paso 2**

Decide cuál será el tema central de tu diario o blog. Puedes centrarte en tus emociones diarias, tus experiencias personales o incluso en un tema específico que te interese, como el arte, la música o la naturaleza. Elige algo que te inspire y te permita explorar tus emociones de manera auténtica.

►**Paso 3**

Utiliza la plataforma elegida para escribir sobre tus emociones de manera sincera y abierta. Expresa cómo te sientes en diferentes situaciones, describe tus alegrías, tristezas, miedos o cualquier otra emoción que estés experimentando. No te preocupes por la forma o la estructura, simplemente déjate llevar por tus sentimientos y permítete expresarlos libremente.

▶ Paso 4

La tecnología te permite incorporar elementos multimedia en tu diario o blog para enriquecer tu expresión emocional. Puedes incluir fotografías, imágenes, música, videos o enlaces a contenido relacionado con tus emociones o experiencias. Estos elementos pueden ayudar a transmitir tus sentimientos de una manera más significativa.

▶ Paso 5

Aprovecha la plataforma para conectarte con otros y recibir retroalimentación. Puedes invitar a tus amigos o familiares a leer tu diario o blog y compartir tus pensamientos y emociones con ellos. También puedes buscar comunidades en línea relacionadas con tus intereses y participar en conversaciones que enriquezcan tu experiencia emocional.

▶ Paso 6

De vez en cuando, tómate un tiempo para reflexionar sobre lo que has escrito y revisar tus entradas anteriores. Observa cómo has evolucionado emocionalmente a lo largo del tiempo y qué aprendizajes puedes extraer de tus experiencias. Esta práctica de autorreflexión te ayudará a tener una mayor conciencia de tus emociones y a crecer emocionalmente.

Pero, ¡cuidado! El uso de la tecnología en este aspecto puede generarte un impulso de reconocimiento excesivo, ya que buscas obtener «me gusta», comentarios y reacciones de los demás como único objetivo. De este modo, la búsqueda constante de que nos validen los demás puede desgastar nuestra confianza en nosotros mismos y nuestra capacidad para experimentar y procesar nuestras emociones de manera íntima y auténtica.

CONCLUSIÓN

A lo largo del libro, se han abordado diversos temas relacionados con las emociones y su influencia en nuestras vidas. Desde la naturaleza de las emociones hasta la importancia de identificarlas y conectar con ellas, hemos explorado cómo tus necesidades, expectativas y actitudes pueden influir en tus experiencias emocionales.

Se ha destacado la importancia de cultivar emociones positivas, practicando el agradecimiento, el disfrute y saboreando los momentos de la vida. También hemos examinado cómo la música, el arte, el baile y el teatro pueden servir como medios de expresión emocional y liberación.

En cuanto a la regulación emocional, hemos indagado diferentes estrategias conductuales, cognitivas y emocionales que te han ayudado a manejar tus emociones de manera saludable y constructiva.

Además, hemos reflexionado sobre la influencia del entorno social en las emociones, analizando cómo las interacciones sociales y las relaciones personales pueden afectar a nuestro bienestar emocional. Hemos abordado la presencia de personas «tóxicas» y cómo pueden afectar a nuestras emociones, subrayando la importancia de establecer límites y cuidar la salud emocional en esos contextos.

Por último, hemos visto qué papel tiene la tecnología en nuestra sociedad y cómo puede influir en nuestras emociones. Hemos trabajado sobre la necesidad de mantener un equilibrio saludable en el uso de la tecnología y ser conscientes de su impacto en tus emociones.

En resumen, a través de este recorrido por diferentes aspectos relacionados con las emociones, habrás podido adquirir una mayor comprensión de ti mismo.

Espero sinceramente que este viaje haya sido de gran ayuda para que comprendas mejor tus emociones y te haya brindado las herramientas necesarias para manejarlas de manera más eficiente. No olvides que la calidad de tus emociones tiene un impacto directo en la calidad de tu vida. Por lo tanto, resulta vital aprender a poner en marcha cambios tanto en tu interior como en tu entorno para experimentar emociones más positivas y enriquecedoras.

Permíteme ser claro y directo. A lo largo de tu vida, seguirás experimentando emociones negativas pero, cada vez que aparezcan, recuerda que no eres esas emociones y debes aceptarlas tal y como son antes de dejarlas ir. No te identifiques con la tristeza, la depresión, los celos o la ira, pues simplemente eres un observador de esos sentimientos pasajeros. Eres lo que permanece después de que esas emociones temporales se desvanezcan.

Tus emociones están ahí para orientarte y guiarte en tu camino. Aprende todo lo que puedas de ellas y, posteriormente, déjalas marchar. Evita aferrarte a ellas como si tu propia existencia dependiera de su presencia. No permitas que te definan o te acaben dominando.

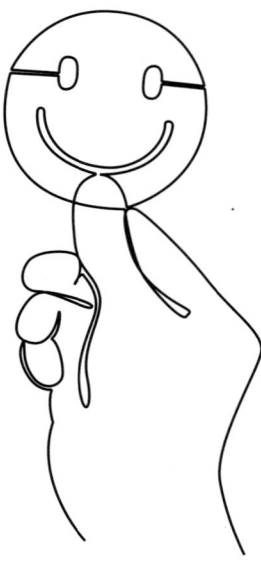

EPÍLOGO

Hoy ha sido un día plagado de contratiempos. Ha empezado con el desafortunado incidente del fregadero de la cocina que se ha roto, arruinando tu desayuno e inundando la cocina. Aunque has podido detener el problema cortando el agua, no te has podido duchar, ya que el fontanero no puede venir hasta mañana. A pesar de todo, llegas al trabajo puntual, pero un poco agitado debido a lo que ha pasado, y con ganas de poner todo tu empeño. Aunque tu trabajo no es particularmente emocionante y no está relacionado con tus estudios superiores, no te has resignado a ganarte la vida mientras esperas una oportunidad mejor.

Ese día decides ser productivo y te pones a hacer una tarea que nadie quiere hacer, pensando que a tu jefe le agradará. Pero cuando él llega, echa por tierra tu trabajo de inmediato, considerándolo una pérdida de tiempo, y te regaña sin sentido delante de varios compañeros, lo cual te avergüenza. Eso te enfada muchísimo y te piensas renunciar a tu trabajo y mandar a tu jefe a freír espárragos en ese mismo momento, por decirlo de una manera suave. Pero, consciente de tu enfado, decides posponer esa decisión para un momento de mayor calma. Te repites frases para tranquilizarte y centras tu atención en tu trabajo, apartando los pensamientos sobre lo sucedido.

Al terminar tu jornada laboral, en lugar de ir directamente a casa, decides dar una vuelta para liberar un poco de la presión acumulada. Mientras caminas, te imaginas diversas conversaciones con tu jefe, permitiéndote desahogarte mentalmente de la rabia que has sentido esta mañana. En mitad del paseo decides llamar a un amigo con el que mantienes una charla por teléfono. Le cuentas cómo te sientes, ya que tu amigo siempre te ayuda con estos temas de trabajo. Juntos reflexionáis sobre cómo se ha comportado tu jefe, y durante la conversación te das cuenta de que el mal humor de tu jefe no se debe ni a ti, ni al trabajo que has realizado, sino que seguramente hay algo más que le está afectando.

Después de dar una vuelta y tener la conversación con tu amigo, te sientes más tranquilo, pero también estás muy cansado debido al estrés que has vivido desde muy temprano. Al llegar a casa, te haces algo para cenar, y escuchas un poco de música mientras disfrutas de la comida. Después, te pones a pensar en planes para cambiar de trabajo y dedicarte a lo que has estudiado, pero estás demasiado cansado como para tomar alguna decisión importante. Te vas a dormir temprano, esperando que mañana sea otro día.

Hoy ha sido simplemente un día difícil, pero has demostrado una gran habilidad para gestionar tus emociones y eso ha hecho que sea más llevadero. Te has dado cuenta de las diversas sensaciones que han surgido a lo largo del día, desde la ansiedad por el fregadero hasta el miedo, la vergüenza, el enfado y la tristeza. Sin embargo, en lugar de permitir que esas emociones te dominen, has decidido canalizarlas de manera constructiva. Has resuelto rápidamente el problema a la hora del desayuno, has desahogado tus pensamientos sobre tu jefe y has compartido tu tristeza con tu amigo, encontrando consuelo en él. Además, has esperado a que tus emociones se calmaran antes de tomar decisiones importantes.

Recuerda: cuando tu relación con tus emociones no es efectiva, un día como este puede generar muchos problemas, pero al ser consciente de tus sensaciones y manejarlas adecuadamente, puedes hacer que las cosas sean más llevaderas.

BIBLIOGRAFÍA

- Ahmed, M.D. (2010). *Actividades de relajación en Educación Infantil y Primaria.* Innovación y experiencias educativas.

- Baena, G. (2005). *Cómo desarrollar la inteligencia emocional infantil.* México DF: Trillas.

- Bronk, K. C., Baumsteiger, R., Mangan, S., Riches, B., Dubon, V., Benavides, C., & Bono, G. (2019). *Fostering purpose among young adults: Effective online interventions.* Journal of Character Education, 15(2), 21-38.

- Cohn, M. A., & Fredrickson, B. L. (2009). *Positive emotions.* Oxford handbook of positive psychology, 2, 13-24.

- Fredrickson, B. L. (2004). *The broaden–and–build theory of positive emotions.* Philosophical Transactions of the Royal Society of London. Series B: Biological Sciences, 359(1449), 1367-1377.

- Goleman, D. (1996). *Inteligencia emocional.* Kairós. Barcelona.

- González, Anabel (2023). *Lo bueno de tener un mal día.* Planeta. Barcelona.

- Lench, H. C. (Ed.). (2018). *The function of emotions: When and why emotions help us.* Springer.

- Meurisse, T. (2020). *Domina Tus Emociones: Una guía práctica para superar la negatividad y controlar mejor tus emociones.* Independently published.

- Olego, E. (s.f.). *Técnicas de autocontrol para niños.* Blog del Centro de Psicología y Logopedia: El Teu Espai.

- Parrott, W. G. (2002). *The functional utility of negative emotions.*

- Rachel E. Jack, Oliver G.B. Garrod, Philippe G. Schyns (2014). *Dynamic Facial Expressions of Emotion Transmit an Evolving Hierarchy of Signals over Time*. Current Biology DOI: 10.1016/j.cub.2013.11.064.

- Rojas M. (2018). *Cómo hacer que te pasen cosas buenas*. Espasa Libros. Madrid.

- Rozin, P., & Royzman, E. B. (2001). *Negativity bias, negativity dominance, and contagion*. Personality and social psychology review, 5(4), 296-320.

- Wellenzohn, S., Proyer, R. T., & Ruch, W. (2016). *Humor-based online positive psychology interventions: a randomized placebo-controlled long-term trial*. The Journal of Positive Psychology, 11(6), 584-594.